EDSON DE PAULA

2ª EDIÇÃO
AMPLIADA
E REVISADA

TORCENDO POR VOCÊ

COMO VENCER NO JOGO DA VIDA

Liderança, Automotivação e Sucesso

Uma analogia sobre futebol e liderança

EDSON DE PAULA

TORCENDO POR VOCÊ

COMO VENCER NO JOGO DA VIDA

Liderança, Automotivação e Sucesso

Uma analogia sobre futebol e liderança

Copyright© 2017 by Literare Books International.
Todos os direitos desta edição são reservados à Literare Books International.

Presidente:
Mauricio Sita

Capa e diagramação:
Douglas Duarte

Revisão:
Bárbara Cabral Parente

Gerente de Projetos:
Gleide Santos

Diretora de Operações:
Alessandra Ksenhuck

Diretora Executiva:
Julyana Rosa

Relacionamento com o cliente:
Claudia Pires

Impressão:
Rotermund

Dados Internacionais de Catalogação na Publicação (CIP)
(Câmara Brasileira do Livro, SP, Brasil)

```
Paula, Edson De
    Torcendo por você : uma analogia sobre futebol e
liderança / Edson De Paula. -- 2. ed. -- São Paulo :
Literare Books International, 2017.

    ISBN: 978-85-9455-032-3

    1. Autoconhecimento 2. Carreira profissional
3. Coaching 4. Comportamento (Psicologia) 5. Conduta
de vida 6. Desenvolvimento pessoal 7. Liderança
8. Motivação I. Título.

17-06349                                    CDD-158.1
```

Índices para catálogo sistemático:

1. Coaching : Conduta de vida : Psicologia aplicada
   158.1

Literare Books
Rua Antônio Augusto Covello, 472 – Vila Mariana
São Paulo, SP – CEP 01550-060
Fone/fax: (0**11) 2659-0968
www.literarebooks.com.br
contato@literarebooks.com.br

SUMÁRIO

Introdução	11
1. Uma analogia sobre futebol e liderança	15
2. A maior torcida de todos os tempos	21
3. Tem gente torcendo contra você?	33
4. A bola da vida	43
5. Faça um 5S na sua vida	59
6. Como você está chutando sua bola?	67
7. O futebol é o esporte mais popular do mundo	71
8. Quando tudo começou no Brasil?	75
9. As 4 figuras principais do futebol	79
10. O 4 tipos de times	87
11. O dono da bola	97
12. Arquétipos negativos dos jogadores	107
13. Assertividade: a melhor forma de vencer o jogo	117
14. Os 3 toques de classe	125
15. O "craque"	129
16. Qual é a sua seleção?	133
17. O banco de reservas	137
18. O gandula	143
19. Cartão amarelo ou vermelho?	147
20. Feedback: avaliando acertos e erros	151
21. A derrota: esse jogo poderia ter sido diferente	157
22. Como está a sua bola?	161
23. Em time que ganha não se mexe	165
24. Dicas do coach: as 7 jogadas de ouro	169
25. Saiba quando pendurar as chuteiras	181
26. Você vai dar o melhor de si?	185
27. Caráter	191
28. Relacionamento	195
29. Desenvolvimento pessoal	199
30. Futebol x mundo corporativo	203
31. Na marca do pênalti é gol	221
32. Conclusão	225
Minidicionário de futebol	229

Sobre o autor:

Edson De Paula é um dos maiores especialistas em coaching comportamental do Brasil e tem sido presença marcante com suas palestras e treinamentos em congressos, convenções e eventos corporativos em todo o território nacional, abordando temas como motivação de equipes, liderança, comunicação, comportamento e vendas.

Com seu estilo único, inspirador e reflexivo, o master coach e palestrante comportamental Edson De Paula tem encorajado corações e mentes a desafiar crenças limitantes para obter o sucesso pessoal e profissional. Acredita que toda mudança começa de dentro para fora, a partir do autoconhecimento, e que todo resultado sustentável só é possível a partir da consciência da responsabilidade pela decisão que conduz ao sucesso.

Formado em Comunicação Social e Psicanálise Clínica, pós graduado MBA Marketing Estratégico, Psicologia Organizacional e Transpessoal, além de possuir várias certificações internacionais em Coaching Comportamental, o master coach e palestrante Edson De Paula é idealizador da Metodologia de Coaching Comportamental Evolutivo® e possui em seu currículo uma vasta experiência profissional com mais de 15 anos de atuação como coach, treinador e palestrante, tendo treinado e formado milhares de líderes e coaches no Brasil e no exterior.

Visite o site www.institutoedsondepaula.com.br

Dedicatória

Dedico este livro a Liliane.
Mulher, mãe, esposa, amiga.
Minha maior torcedora.

Agradecimentos

A Deus, pela dádiva da vida.

A minha amada esposa Liliane, companheira e sócia, pelo seu apoio imensurável, por sempre acreditar nos meus sonhos, mesmo nas épocas mais difíceis da nossa vida e aos meus filhos Edley e Edilayne, que nos escolheram para zelarmos por esse empréstimo divino, que é o dom de sermos pais e mães.

A minha mãe Dirce, pelo seu amor incondicional, por me ensinar a persistir pelo exercício da tolerância e ao meu pai e professor Ednilson, pela formação de meu caráter, por me ensinar que tudo é possível quando você tem conhecimento e força de vontade. Aos meus irmãos, Reginaldo e Márcia, pelos momentos de fraternidade, amor e amizade. Ao amigo Renato Fabregat que, gentil e magistralmente, ilustrou este livro e aos amigos Eduardo Ribeiro e Marcos Tonin que aceitaram prontamente o convite para escrever, respectivamente, prefácio e apresentação.

A todos os meus amigos e parceiros profissionais na área do desenvolvimento humano que, direta ou indiretamente, me motivam a seguir essa linda missão da arte de desenvolver pessoas.

A todos que já participaram das minhas palestras, treinamentos e processos de coaching, por me incentivarem ao contínuo autodesenvolvimento e por serem a razão e o propósito de tudo isso.

E a você, leitor, por ter sido escolhido pelo meu livro. Costumo dizer que somos escolhidos pelo livro.

Então, obrigado por atender esse chamado.

Prefácio

O mundo contemporâneo e competitivo exige cada vez mais do ser humano quanto ao comprometimento com a aprendizagem e, consequentemente, a absorção de novos conhecimentos para seu respectivo desenvolvimento.

E nesta obra, de um modo muito ilustrativo e de fácil compreensão, o amigo, coach e palestrante Edson De Paula, conseguiu por meio da utilização de metáforas e relatos da sua vida pessoal e profissional, fazer uma excelente analogia das duas maiores paixões dos brasileiros: o futebol e a liderança.

Devido ao seu alto grau de especialização nas áreas de comunicação, liderança e desenvolvimento humano e, principalmente, pela facilidade de criação que o autor possui, temos a possibilidade de identificar neste livro todas as influências que recebemos de nossos "jogadores", "árbitros", "treinadores" e "torcedores" e ainda de como podemos fazer grandes mudanças dependendo do tipo de "jogador" que somos, do tipo de "time" que jogamos, de como estamos levando a sério os nossos "treinos" e, principalmente, de como estamos "jogando o nosso jogo" no "campeonato da vida".

A aplicação prática desta obra, que utiliza ótimas referências de Life e Team Coaching e também da Programação Neurolinguística, inseridas sutilmente no texto com muita sapiência pelo autor, conduzirá você, leitor, de uma maneira didática e interessante, a desfrutar de momentos ímpares de grande autorreflexão sobre a vida.

Portanto, fico muito contente em termos mais uma obra à disposição para os leitores seletos que prestigiam o desenvolvimento humano.

Após a leitura deste livro, eu acredito que você irá "torcer ainda mais por você" e, dessa maneira, exercer sua autoliderança para conquistar muitas vitórias na vida.

Eduardo Ribeiro
Empresário

Apresentação

Tenho a honra de apresentar este livro a você, caro leitor, porém, peço sua licença para falar sobre seu autor. Há alguns anos tive a felicidade de conhecer Edson De Paula dentre os estudiosos de Coaching e Programação Neurolinguística e, para quem o conhece pessoalmente e sabe do que falo, trata-se de uma figura dotada de uma personalidade interessante que tem o poder de cativar as pessoas pela sua tranquilidade e consistência aos mínimos detalhes que dispensa sobre os assuntos que trata, sempre mesclando seriedade com bom humor.

Com seu foco totalmente voltado aos estudos do desenvolvimento humano, o autor procura manter algo que acredito ser o valor mais importante e difícil para alguém: ser coerente com tudo aquilo que faz, fala e acredita.

Por essa razão, apresentar uma obra desse profissional, que admiro e respeito muito, é tarefa mais do que especial.

Sei do seu esforço e dedicação dispensados neste livro e, certamente, você leitor, perceberá a competência que o autor possui em transmitir conceitos complexos de forma simples e cotidiana.

Acredito que, em uma época, na qual seres humanos e organizações tomam caminhos por vezes antagônicos, o livro "Torcendo por você" propicia uma bela e real metáfora sobre autoliderança que nos faz refletir sobre pontos a serem melhorados e também como aplicamos nossas principais forças na vida pessoal e profissional.

Nesse sentido, a leitura e o estudo desta obra constituem uma ferramenta de autoanálise aos nossos verdadeiros comportamentos e também sobre as escolhas que fazemos em nossa vida, bem como os resultados imediatos que colhemos a cada escolha feita.

Parabenizo o autor pelo livro e também pela coragem de dividir um pouco do seu grande conhecimento conosco.

Marcos Tonin — **Consultor e coach**

Introdução

Este não é um livro sobre futebol.

É, antes de tudo, um livro que possui uma intenção: fazer com que você se redescubra, que desperte o "torcedor de si mesmo" que, possivelmente, possa estar adormecido na sua vida pessoal e profissional. O "Torcendo por você" que apresento nesta leitura é para que, você leitor, possa fazer uma analogia entre o mundo do futebol e a sua autoliderança pessoal e profissional.

Será que você está torcendo por você?

Se entende de futebol, de certa forma também entende algo sobre liderança e tem consciência de que é preciso agir rápido no jogo da vida, pois você sabe que o tempo não joga ao seu favor e o gramado nem sempre estará adequado para a prática do jogo, mas isso não importa, o mais importante é que sempre existirão jogadores, o futebol e a vida.

Você sabe também que, para avançar rumo à vitória, será necessário defender sua posição, contra-atacar até arriscar algumas jogadas nessa partida - que poderá ser curta ou longa - e, para isso, precisará possuir autoconhecimento profundo dos seus recursos e limites para fazer o melhor que puder por si mesmo e pelas pessoas que fazem parte da sua vida. No futebol e na vida não existem vitórias fáceis ou certezas absolutas, é preciso acreditar e saber jogar com raça até o último minuto.

Como especialista em coaching comportamental, além de ser um apaixonado por futebol, sempre fiz comparações desse esporte com os conceitos de liderança e trabalho em equipe nas minhas palestras e treinamentos em todo Brasil.

Foi assim que surgiu a ideia da palestra "Torcendo por você" que também é o título deste livro: do desejo de compartilhar conceitos importantes sobre autoliderança e trabalho em equipe de forma didática e lúdica para que todos pudessem aprender e também compartilhar com outras pessoas.

Sinceramente, acredito que formamos uma corrente do bem, ou melhor, uma "torcida do bem" quando temos a oportunidade de aprender algo novo e, consequentemente, repassar esse aprendizado adiante, compartilhando-o.

Eu quero deixar claro para você, desde o início da sua leitura, qual foi meu propósito de escrever este livro.

Este livro é uma compilação dos pontos mais importantes da minha palestra com conteúdos ampliados e inéditos, além de dicas, conceitos e aprendizados sobre liderança e trabalho em equipe que eu acumulei em todas as vivências que participei - tanto como líder quanto liderado e também como treinador de líderes - e quero, portanto, dividir com você.

Mas entenda, meu interesse não é apenas dividir com você um pouco da minha história de vida, isso seria irrelevante se essa história não tivesse balizado todos os recursos, ideias e dicas que resolvi disponibilizar neste livro, após anos de incessante dedicação aos estudos do comportamento humano, principalmente no que diz respeito à nossa autoliderança.

Portanto, se a leitura deste livro possibilitar um novo aprendizado à sua vida, repasse esse aprendizado adquirido para alguém e, desse modo, estará exercitando sua liderança.

Um líder não é aquele que cria seguidores, é aquele que desenvolve sucessores.

Neste livro, além do conteúdo, das dicas, eu serei o seu coach pessoal e estarei auxiliando você a refletir sobre sua vida. Para isso, existem alguns quadros com o título "Para você refletir", preste atenção neles e procure pensar sobre o assunto, anotando suas percepções, isso será muito útil. Existem outros quadros como "Curiosidades do futebol" ou "Fique atento na jogada", espero que aprecie.

Por se tratar de um livro em que faço uma metáfora do mundo do futebol, utilizo algumas expressões do mundo futebolístico. Se tiver dúvidas com algumas gírias ou expressões do futebol, no final do livro eu disponibilizo para você um MINIDICIONÁRIO DO FUTEBOL, consulte-o.

Como já disse anteriormente, o objetivo principal deste livro é fazer você refletir sobre sua vida pessoal e profissional, por meio de uma analogia, uma comparação do mundo do futebol com sua autoliderança pessoal e profissional.

Minha intenção não é transformar você em um líder ou provocar uma mudança repentina no seu comportamento, mas quero conduzi-lo a uma nova interpretação sobre os aspectos da sua vida e, com esse exercício de leitura e reflexão, auxiliar você a transformar pequenas intenções em ações, assumindo a responsabilidade pela conquista dos seus resultados.

Então, vamos começar.

Existe um estádio onde todos nós disputamos a maior partida de todos os tempos: o jogo da vida.

Nesse jogo você poderá assumir 4 posições.

Você poderá escolher ser um jogador apaixonado que joga com muita raça, um técnico que sabe aprender e ensinar, um árbitro que julga a si mesmo e aos outros ou um torcedor que é motivado por cada lance da partida.

Nesse jogo você poderá escolher sua torcida, escolher o seu time. Você tem um único poder a partir de agora: o poder de escolher. Portanto, escolha persistir, garanto que irá valer a pena.

Desejo a você uma ótima leitura, ou melhor uma "ótima partida"!

1

Uma analogia sobre futebol e liderança

O futebol é o esporte mais popular do mundo e, principalmente no Brasil, nós praticamente nascemos respirando futebol. Desde cedo, somos conduzidos pela onda dessa paixão nacional, se você é brasileiro, sabe o que estou referindo. Torcer por um time e ser identificado como fiel torcedor dele é como se fizesse parte da nossa identidade, do nosso DNA.

Quem já não teve a experiência de participar de longos bate-papos nas rodas de amigos ou parentes sobre futebol, falar daquele time do coração ou do tio que torce pelo time que só perde? E aqueles torcedores do time adversário que insistem em azucrinar sua cabeça quando o seu time vai de mal a pior no campeonato? Os torcedores fanáticos por futebol estarão sempre à espreita, esperando por uma oportunidade para pegá-lo desprevenido. Mas é, exatamente, aí que reside a beleza do futebol: a torcida. Essa massa popular tem uma fé inabalável em acreditar no milagre do minuto final, naquele chute certeiro do centro avante que marca o gol e define o campeonato.

A torcida já comprovou por diversas vezes que acreditar ainda vale a pena e é, exatamente, no acreditar que tudo é possível que faz a diferença nos resultados que obtemos no decorrer do nosso jogo da vida. Hoje, pessoas com autoconfiança, essa credibilidade de que tudo é possível, dotadas da crença possibilitadora que alia esperança com otimismo, aquele "brilho no olhar", são as que obtêm melhores resultados nas entrevistas de emprego e nos processos de concorrência nesse mundo altamente competitivo que vivemos.

Essas pessoas possuem uma energia vital ímpar que costuma transformar sonhos em realidade. São pessoas que torcem por si mesmas, independentemente da opinião dos outros. Elas jogam o jogo da vida e são torcedoras fiéis da sua felicidade e sucesso. Esse é o melhor tipo de torcedor que existe: o torcedor de si mesmo.

Já imaginou se toda essa energia vital, se toda essa força de credibilidade que o torcedor deposita em um time de futebol fosse transferida para as nossas situações do dia a dia?

Se esse acreditar irreprimível fosse totalmente canalizado para uma causa humanitária ou uma mudança impactante, ainda mais no Brasil, onde temos milhões e milhões de torcedores?

O futebol possui essa beleza de ser um esporte de equipe, no qual o talento individual de um jogador só faz a diferença se todo o time o apoiar e acompanhar suas jogadas.

No futebol, o ditado "uma andorinha sozinha não faz verão" é, literalmente, uma verdade e, portanto, são necessários 11 jogadores para se fazer um único gol. Cada jogador é uma peça fundamental para a conquista do campeonato, representa uma parte do conjunto todo, indiferentemente do seu talento individual.

Não basta apenas ter um bom time para conquistar o campeonato, temos que destacar também a importância de um bom técnico, sua comissão, o clube e toda a torcida. Se o técnico não tiver experiência necessária para conduzir sua equipe com o apoio do clube, fatalmente, seu time não chegará sequer nas semifinais do campeonato. Consequentemente, se o clube não apoiar o técnico e não prover bons jogadores, não haverá sequer um time para disputar o campeonato.

Se a torcida não comparecer ao estádio, não haverá beleza e força na partida. Futebol é fusão de conhecimento, habilidade, atitude e oportunidade, é o exercício mais profundo da autoliderança, pois cada jogador é o líder da sua posição na equipe. O técnico é o líder da equipe. O clube é o líder do técnico. A torcida é o líder do clube. É uma corrente de liderança com um único propósito: conquistar a vitória.

Ter motivação pela vitória é saber estabelecer o seu posicionamento no jogo da vida, vestindo a camisa do seu clube, que pode ser sua empresa ou sua família, estando apto para conquistar o campeonato do sucesso. Mas, não se esqueça de que esse campeonato está cada vez mais competitivo e é assim também no mundo corporativo.

Observe, no mercado, que empresas que almejam o sucesso devem conhecer profundamente quais são os pontos fortes e fracos de seus produtos ou serviços e, principalmente, os de todos os seus concorrentes. No futebol é a mesma coisa: uma equipe deve estar sempre preparada, tática e estrategicamente, conhecendo e armando as suas melhores jogada e, principalmente, explorando minuciosamente os pontos fracos do time adversário.

Uma equipe bem treinada tem mais possibilidades de êxito, de conquistar a vitória no campeonato da vida e, por isso, é muito sábia aquela frase do mundo futebolístico que diz "Em time que está ganhando, não se mexe". As empresas têm investido cada vez mais em suas equipes de trabalho, especialmente nas suas lideranças. Felizmente, descobriram que o seu melhor produto é o elemento humano.

No futebol, como em qualquer outro esporte, também é imprescindível praticar o "fair play", o jogo limpo, onde mais importante do que vencer é estar preparado para respeitar o adversário. A ética é um valor fundamental e precisamos nos lembrar sempre que a essência de toda prática esportiva reside no equilíbrio da razão com a emoção, do físico com a mente e, por que não dizer, com a espiritualidade.

Nesse contexto, é importante você começar a entender "quem torce por você?", "quem joga no seu time?" e, finalmente, "que tipo de jogador é você?". Quando possui todas essas informações, você adquire a consciência da sua posição no mundo e tem o profundo conhecimento de suas habilidades e de suas fraquezas. Com isso, controla melhor suas ações, obtendo motivação necessária para mudar o rumo dos acontecimentos.

Quando se tem domínio de suas capacidades, percebendo tudo o que cerca sua vida, compreendendo suas necessidades e expectativas, mas respeitando os direitos dos outros, você gera empatia. Com isso, você empata o jogo mas deixa o gosto de vitória para as duas equipes. Esse é o jogo certo, é a melhor partida que se pode jogar. Independentemente da vitória, conquiste sua posição e jogue o melhor possível.

Já está tudo pronto aí dentro do seu estádio. Você já está com o seu time. A torcida já está preparada. A bola já está no centro do gramado. Agora é com você, pode entrar. Faça sua parte no jogo da vida e lembre-se: existem muitas pessoas que estão torcendo por você nesse exato instante da sua vida.

Saiba que eu também estou.

2

A maior torcida de todos os tempos

Vou pedir para você nesse momento, dentro do seu íntimo, do seu pensamento, imaginar-se em um imenso estádio de futebol. Ele representa o mundo e todo o universo à sua volta. Nesse imenso estádio, tudo é possível, desde que acredite na sua força interior. É o grande estádio do mundo, o estádio de nossos esforços pessoais e profissionais.

É nele que são disputados os jogos do maior campeonato de todos os tempos, é onde acontece o campeonato da sua vida. Nele poderá sair vitorioso ou derrotado.

Nem sempre é possível ganharmos todas as partidas, algumas vezes tropeçamos nas nossas imperfeições, nos nossos erros por falta de tática ou por falta de treino. O mais importante agora é caminhar por esse estádio e entender que o mundo está lá fora, esperando por você. Somente você poderá fazer toda a diferença no jogo da vida.

Imagine esse estádio vazio e que caminha pelo gramado. É possível ouvir o vento e sentir a maciez da grama. O céu está muitíssimo claro e azul. Vá caminhando até o centro do gramado. Na marca central do campo tem uma bola. Pegue-a em suas mãos, sinta-a. Essa bola representa tudo o que você fez durante toda a sua vida, exatamente tudo até o presente momento.

Para você refletir:
A sua bola está cheia ou está murcha?
Como está a sua vida hoje? Cheia de ânimo, de alegria, de motivação e felicidade? Ou ela está murcha, sem propósito?

Quero que reserve alguns minutos para responder com sinceridade e suas melhores convicções, a seguinte pergunta: "Como anda lidando com o que cerca a sua vida?"

Ao fazer analogia com a bola de futebol e sua vida,

responda: "Como você está chutando a sua bola?"

Coloque a bola novamente no centro do gramado. Vamos falar sobre ela mais tarde. O importante é que você tenha refletido sobre como você está lidando com as coisas que cercam a sua vida. Depois retomaremos esse assunto com mais atenção.

Olhe para as arquibancadas vazias do imenso estádio. Você continua sozinho no centro do gramado. Visualize um portão de entrada nesse estádio. Imagine um ponto ou local no qual possam entrar pessoas, muitas delas.

Nesse ponto ou local, imagine um portão. Esse portão vai se abrir e eu vou pedir para você deixar entrar toda a torcida. Essa torcida é formada por TODAS as pessoas que você conhece ou conheceu até hoje. Exatamente TODAS aquelas que passaram por sua vida e também torcem a seu favor.

Vá deixando essa torcida entrar no estádio, imaginando um local especial nas arquibancadas para colocar essas pessoas que tanto torceram ou continuam TORCENDO POR VOCÊ!

É possível que consiga até visualizar os rostos, as feições dessas pessoas tão especiais. Quem são essas pessoas especiais? Podem ser seus pais, seus irmãos, amigos e pessoas próximas ou, por algum motivo, até distantes de você, mas que certamente, fazem a diferença na sua vida. Lembre-se, ainda existem pessoas que, apesar de distantes, o admiram muito e continuam torcendo por você.

E pode ter certeza que também existirão aqueles que estão na torcida mas preferem ficar no anonimato, pois não necessitam do seu reconhecimento ou gratidão, simplesmente, porque fazem o bem aos outros com o coração aberto, sem interesse.

Vá olhando para cada uma dessas pessoas, vá agradecendo cada uma delas por acreditarem e estarem dispostas a apoiá-lo nas dificuldades pelas quais passou e também por estarem junto com você naqueles momentos de reconhecimento e merecimento, de imensa felicidade, brindando suas vitórias pessoais ou profissionais.

Nossa mente possui a capacidade de criar essas imagens que representam cenários e situações, especialmente aquelas que já passaram pelos nossos 5 sentidos: visão, audição, paladar, olfato e tato.

É a nossa IMAGINAÇÃO.

Quando peço para você imaginar uma bola de futebol, tenho certeza de que pensa naquela forma redonda ou circular que já está registrada na sua mente.

Pense nisso: a sua bola é diferente da minha.

Eu posso estar imaginando uma bola de futebol totalmente branca e você pensando em uma bola preta e branca ou até colorida. Por que é que isso ocorre?

O seu registro sensorial é único, essa é a resposta.

Quando pegou uma bola de futebol pela primeira vez, teve um estímulo visual e tátil, sentiu-a em suas mãos e registrou, pela visão, o formato redondo e as cores dela.

A partir desse dia, literalmente, aprendeu o que é uma bola e nunca mais se esqueceu do seu formato.

O mais interessante dessa experiência de aprendizado é que pode, inclusive, ter um relato associado que tornará esse registro ainda mais definido, ainda mais consolidado na sua memória.

Enquanto escrevia essa passagem, comecei a pensar: "Quando foi a primeira vez que eu brinquei com uma bola de futebol?"

No começo, confesso que foi um pouco difícil coordenar os meus pensamentos. Minha mente começou a rebobinar, rebobinar, como um velho aparelho de vídeo cassete.

Comecei a ver algumas imagens, alguns sons foram surgindo, memórias da minha adolescência, dos finais de semana jogando futebol com os meus amigos...

...fui rebobinando cada vez mais, chegando na infância e

visualizei-me sentado em uma bicicleta, sentado na garupa dela. "Incrível! O que é que essa bicicleta tem a ver com a primeira vez que brinquei com uma bola de futebol?"

Parei para pensar por alguns segundos e, realmente, fiz essa pergunta para mim. No mesmo instante, as imagens começaram a ficar mais claras na minha mente. Estava sentado na garupa da bicicleta do meu pai, devia ter apenas uns 3 anos de idade.

Meu pai, o Sr. Ednilson De Paula, pedalava por uma estreita estrada de terra. Posso até lembrar e sentir o calor e o brilho intenso do sol daquela manhã que, muito provavelmente, deveria ser um domingo.

Quando passava por algum conhecido, meu pai apertava uma campainha que ficava no guidão dessa bicicleta e cumprimentava aquela pessoa cordialmente. Consigo também lembrar daquele sonoro e estridente "trim-trim" da campainha.

Ainda recordei que, na minha infância, costumava brincar com essa campainha por horas e horas a fio, existe até uma foto minha em preto e branco, onde estou sentado nessa bicicleta mexendo nessa campainha.

Quando nos aproximamos de um local cercado por um grande muro, forrado totalmente por folhas de zinco pintadas de preto, meu pai entrou com sua bicicleta por um pequeno portão. Ao atravessarmos esse portão, um pipoqueiro e um sorveteiro insistiam em ficar disputando com suas buzinas e apitos quem é que conseguia chamar mais a atenção para seus carrinhos. Nesse local havia um campo de futebol.

Tratava-se do campo de futebol do Vasco da Gama, o "Vasquinho" como era carinhosamente chamado pelos seus torcedores daquela época, um time amador de Rio Claro, minha cidade natal, localizada no interior do estado de São Paulo.

O campo de futebol era totalmente rodeado por altos

eucaliptos, daqueles cheirosos que propiciavam uma ótima sombra para torcedores que se acotovelavam tentando assistir ao jogo pelo alambrado que cercava o campo.

Enquanto meu pai torcia pelo time naquela ensolarada manhã de domingo, eu ficava brincando de pega-pega com as outras crianças, correndo de um lado para o outro em um local próximo ao campo. Esse espaço era de terra vermelha, muito vermelha... ...e conforme eu corria, minhas botinas pretas e as meias brancas iam ficando sujas e com uma coloração avermelhada.

Minha mãe, a Dona Dirce, devia "virar uma onça" quando meu pai chegava em casa nos domingos para o almoço com o seu filho todo sujo, após brincar na terra com as outras crianças.

Estava muito entretido com aquela brincadeira quando, subitamente, fomos interrompidos por uma espécie de discussão acalorada que ocorreu no campo de futebol entre os jogadores.

Lembro-me de ouvir aquele bate-boca dos jogadores, as vozes gritando, toda aquela correria e, então começou o empurra-empurra. Para ser sincero, era mais gritaria do que confronto.

A partida terminou exatamente naquele instante e o portão do alambrado que dividia os jogadores dos torcedores foi imediatamente aberto. Os jogadores foram saindo do gramado e se dirigiram para um casebre improvisado que servia como vestiário. Um tio do meu pai chamado João, era o técnico do "Vasquinho" e saiu resmungando na frente dos jogadores, acotovelando e empurrando os torcedores que se aproximavam.

Hoje entendo que aquilo era uma típica confusão entre árbitro, técnico e jogadores, uma discussão sobre algum erro da arbitragem.

No meio de toda aquela confusão, nossa brincadeira foi abruptamente interrompida, pois alguns pais mais exaltados ou talvez, mais preocupados, já procuravam pelos seus filhos.

Lembro claramente do meu pai dizendo:

"Edson! Edson! Vem pra cá!"

Quando fui ao encontro do meu pai, cruzei o caminho com um daqueles jogadores que se dirigiam para o vestiário. Ele parou exatamente na minha frente e mexeu comigo. Eu fiquei paralisado olhando fixamente para ele. Não lembro da feição do jogador, mas recordo nitidamente daquele uniforme todo branco com uma faixa preta na diagonal da camiseta e a cruz vermelha no meio da faixa. Era o uniforme do Vasco da Gama.

Ele estava segurando a bola de futebol e, de repente, rolou ela na minha direção.

A bola veio rolando pela terra e parou bem na minha frente. Peguei a bola com minhas pequenas mãos e, sem dúvidas, esse foi um momento muito esquisito para mim nessa recordação: a bola parecia ser maior do que eu, era enorme... ...e o jogador, achando engraçada a minha reação, gritou sorrindo:

"Vai menino! Chuta a bola!"

Eu lembro de tentar chutar aquela bola gigante, mas era muito pesada para mim.

Acabei dando alguns chutinhos fracos e a bola insistia em não sair do lugar, eu quase tropecei nela e cai.

Todos que estavam por perto, incluindo o meu pai, começaram a rir daquela situação engraçada e o jogador, então, se aproximou de mim e, inclinando-se pegou a bola de volta, passou a mão na minha cabeça e foi embora correndo para o vestiário.

Tudo isso não durou mais do que alguns segundos que ficaram intensamente - e para sempre - registrados na minha memória. Havia sido a primeira vez que aquele menino de três anos tomava consciência do que era uma bola de futebol.

Faço esse pequeno intervalo apenas para ilustrar como o nosso pensamento interfere nas nossas ações. Costumo dizer que a nossa IMAGINAÇÃO é uma IMAGEM EM AÇÃO, ou seja, são imagens em movimento, como em um filme. Nós possuímos um gigantesco acervo de sons, imagens e sentimentos em nossa mente.

Tudo isso fica devidamente registrado e arquivado, sempre ao nosso alcance. Às vezes, nos lembramos de uma cena ou de outra, é apenas um reflexo, uma parte infinitamente pequena de tudo o que temos registrado em nosso cérebro. Você tem a capacidade de assistir ao filme completo quando quiser, basta apenas saber acessar suas memórias.

Basta se concentrar nos detalhes, nas imagens, nos movimentos, nos sons, e em um passe de mágica, estará vivenciando cada momento ímpar de sua existência com precisão de detalhes, tornando essas imagens muito vivas e reais. Basta exercitar essa capacidade que conseguirá colocar dentro desse estádio todas as pessoas que passaram pelo seu caminho, desde os mais remotos tempos da sua infância até agora.

Você irá se lembrar, inclusive, dos seus amigos ou amigas da infância, inclusive daqueles que nem se recorda mais.

É importante que se lembre dos momentos relacionados com todas essas pessoas. De repente, uma dessas histórias que estava guardada há tanto tempo em sua memória, irá ressurgir tão clara e tão vívida que conseguirá fazer uma verdadeira viagem no tempo, pois não existe tempo na nossa mente, tudo é possível.

Aproveite, nessa reflexão, para exercitar 2 das maiores virtudes do ser humano: a humildade e a gratidão.

Deixe sua mente conduzi-lo para as épocas em que passou dificuldades, nas quais foi humilde o suficiente para saber que precisava pedir ajuda a alguém.

Você soube pedir e foi atendido.

Lembre-se dos seus momentos de curiosidade, principalmente na sua infância, a criança curiosa que pergunta tudo, que tem fome de conhecimento e é humilde para solicitar aprendizado.

Só aprende quem sente ou vivencia algo, é preciso sentir para aprender.

Aprender é adquirir novos hábitos e condutas, é também saber transformar com qualidade seu pensamento, sua estrutura mental. É preciso ter curiosidade para se aprender coisas novas e toda criança, por ser curiosa, necessita ser estimulada para se adquirir um novo aprendizado.

Ela precisa ser devidamente incentivada por alguém.

Lembra-se do exemplo da bola de futebol?

Quando o jogador chamou a atenção daquele menino de 3 anos de idade, incentivou essa criança a aprender algo novo. Ao tocar na bola, ao vivenciar aquela experiência de aprendizagem, aquele menino percebeu que existia um objeto chamado BOLA. Sentiu o formato da bola, gravou sua cor, seu peso, suas ranhuras e costuras, associou a história, o local, as pessoas envolvidas, todo aquele contexto emocional e aprendeu.

Quando falo de humildade e gratidão, refiro ao fato de que precisamos reconhecer e agradecer todas as pessoas que nos ensinaram algo em nossas vidas, mesmo que seja um pequeno aprendizado, como o exemplo da bola de futebol.

Devemos ser gratos com as pessoas que nos fazem aprender algo novo, que nos transmitem um ensinamento, elas são os nossos verdadeiros mestres, os nossos técnicos no jogo da vida. Precisamos ser gratos com todos os nossos torcedores fiéis.

Essa torcida que torce, que sofre e que ama, incondicionalmente. Ela será, com toda certeza, a sua maior torcida de todos os tempos!

Para você refletir:

Recordando sua infância: qual foi a primeira vez que alguém ensinou algo para você?

O que você aprendeu com essa pessoa?

Quem era essa pessoa?

Quem foi seu primeiro professor ou professora?

Você era uma criança curiosa?

Você tem vontade de aprender algo novo? O que?

Você tem paciência para ensinar?

3

Tem gente torcendo contra você?

Para você refletir:
Será que tem gente torcendo contra você?
Ah! Eu não acredito... Sério?
Então, fique tranquilo, você não está sozinho...

Estamos vivendo em uma época em que o mundo corporativo encontra-se muito competitivo, pois todos competem pelo seu espaço, defendendo suas posições com unhas e dentes.

Muitas vezes a arrogância, a vaidade e, principalmente, a ambição sobrepõem ao jogo limpo, o jogo justo.

Já dizia o Barão de Coubertin, criador dos jogos olímpicos modernos: "O importante é competir".

Para você refletir:
Será que precisamos competir com o único objetivo de vencer o jogo da vida, custe o que custar?

Acredito que o Barão de Coubertin, sendo um visionário promotor dos esportes como uma forma de educação e aprendizado, não teve a intenção de colocar essa frase no sentido pragmático do ato de competir. Creio que sua intenção tenha sido dizer que "o importante na competição é estar presente e participar ao máximo, independente da vitória, faça o seu melhor".

É inevitável que sempre existirão ganhadores e perdedores no jogo da vida, é inevitável também que nem todos estarão torcendo ao nosso favor. Existe a torcida do time adversário, não se iluda.

Peço agora para você visualizar o mesmo estádio e, naquele mesmo portão, por onde entraram todas as pessoas que torciam por você, faça uma reflexão e deixe entrar agora, uma a uma, TODAS AS PESSOAS QUE TORCEM CONTRA VOCÊ. Seja sincero.

Essa torcida será formada por TODAS as pessoas que você conhece ou conheceu, exatamente TODAS as pessoas que passaram por sua vida e que torceram contra você. Vá deixando essa torcida entrar no estádio. Imagine um local isolado para colocar essas pessoas que tanto lhe prejudicaram, conspiraram negativamente ou que você acredita que simplesmente "não vão com a sua cara". Force sua mente e visualize o rosto dessas.

Vá mais fundo e tente, inclusive, olhar diretamente nos olhos dessas pessoas, encarando-as. Entenda também que existem pessoas que, mesmo distantes, só irão torcer contra você.

Também existem pessoas que você nem imagina que torcem contra você, que preferem ficar no anonimato, escondidas, esperando uma oportunidade para passar uma rasteira em você, entrando de "carrinho" diretamente nos seus tornozelos.

Vá olhando para cada uma dessas pessoas, encarando seus concorrentes, adversários e, da mesma maneira que anteriormente, agradeça cada uma delas por torcerem contra você, pois são elas que lhe proporcionam os desafios.

São essas pessoas que fazem você ficar cada vez mais forte e melhor, pois do mesmo jeito que é preciso sentir para aprender, é preciso ser desafiado para crescer.

Da mesma maneira que anteriormente, você exercitará a humildade e a gratidão com essa torcida adversária.

Sim, é exatamente isso, não estranhe!

Eu tive várias situações em minha vida pessoal e profissional que fizeram-me refletir profundamente sobre esse fato de agradecer aqueles que só prejudicaram à mim.

É lógico que somos seres humanos e temos a tendência de guardar mágoas ou rancores em situações nas quais fomos humilhados ou deixados à deriva, sendo prejudicados profundamente por alguém.

Para você refletir:

É possível perdoar alguém que prejudicou você tão profundamente?

Peço sua permissão novamente para contar um fato real da minha vida pessoal e profissional. Em janeiro de 1990 minha querida esposa, Liliane, deu à luz ao nosso primeiro filho, Edley Luís.

Na época, eu trabalhava há quase 10 anos como assessor de projetos em uma renomada empresa localizada na região de Campinas, no interior de São Paulo.

Sempre procurei cumprir minhas obrigações, procurando ser um profissional exemplar. Enfim, todos gostavam de mim e eu acreditava que possuía bons relacionamentos no trabalho. A empresa fazia parte da minha vida, era um dos meus valores pessoais: família, trabalho e aprendizado contínuo. Gostava de trabalhar naquela empresa e nunca antes havia sentido a necessidade de pedir um aumento ou uma promoção. Nunca, até aquele momento da minha vida.

Meu orçamento doméstico era muitíssimo controlado e enxuto, sempre fui muito modesto e simples, não tenho tendências para o luxo, prefiro o conforto. Para 2 pessoas viverem juntas, no caso eu e minha esposa, o orçamento estava adequado, sendo que ela também trabalhava como professora para complementar a nossa renda familiar.

Quando nosso primeiro filho nasceu, começaram os gastos extras com fraldas, remédios, roupas. Nossas despesas aumentaram, mas quando somos "pais frescos" queremos o melhor para os nossos filhos.

Senti que precisava melhorar a minha situação financeira, então, depois de muito ensaiar, tomei coragem e fui falar diretamente com o novo superintendente que havia sido recentemente contratado pela empresa.

Vejam meu erro, fui falar com um superintendente que tinha acabado de entrar na empresa, que não tinha sequer um histórico dos funcionários, não tinha nenhuma empatia estabelecida com o grupo e, principalmente, estava querendo mostrar serviço. Admito que, naquela época, não tinha um décimo da experiência corporativa e de vida que possuo hoje.

Fui "rápido no gatilho", estava muito nervoso e despreparado. Respirei fundo, tomei coragem e fui direto à sala do superintendente, sem agendar sequer um horário, simplesmente pedi licença e fui entrando.

Ele estava com aquela cara de "bola murcha", a mesa toda lotada de papéis que se empilhavam como montanhas de bagunça. Assim que ele notou minha presença, posicionei-me sobre o assunto em questão:

"Dá licença, Sr. 'fulano de tal', meu nome é Edson. Eu estou na empresa há quase 10 anos, nunca pedi um aumento e agora, devido ao nascimento do meu filho, necessito urgente de uma melhoria no meu salário!"

Eu acredito que disse algo muito parecido com isso, mas tenho quase certeza hoje de que foi algo muito pior. O superintendente parecia nem sequer expressar uma comoção com meu problema e, novamente, perguntou o meu nome.

Respondi e ele ficou em silêncio, abaixou a cabeça, abriu uma pasta e começou a folhear uma lista.

Foi checando a lista com uma caneta e, de repente, meneou positivamente com a cabeça. Olhou para mim encarando-me fixamente, agora como se não soubesse o que dizer.

Depois de alguns segundos de silêncio profundo, soltei um pigarro com a garganta e perguntei: "E então... Vai pensar se pode conceder um aumento para mim?"

Ele respirou fundo e, de repente, começou a falar.

Eu nem imaginava que ele iria dar uma resposta naquele instante, recordando-me hoje só consigo me lembrar de algumas partes do seu discurso que era algo mais ou menos assim:

"A empresa está passando por um momento difícil...

Estamos tendo que tomar algumas medidas... Espero que entenda nossa situação... Fizemos o melhor que podíamos até agora para sustentar a situação... Cortes... Listas... Demissões... Por favor, dirija-se ao Departamento Pessoal..."

Meu mundo desabou, fiquei com a boca seca, minhas pernas começaram a tremer e tive que segurar-me na cadeira à frente. Senti que ele ficou preocupado com minha reação e emendou:

"Tenha calma, eu sei que você não está com cabeça para entender a situação agora, mas saiba que é para o seu bem. Você é jovem, tem um ótimo currículo e irá superar tudo isso!"

Pegou o telefone, ligou para o DP (Departamento Pessoal) - naquela época ainda não existia o termo Recursos Humanos - e pediu para que dirigisse-me imediatamente até lá. Fiquei mudo, sem fala, então, saí da sala cabisbaixo rumo ao DP.

Quando cheguei lá, uma fila de funcionários se amontoava e todos pareciam perplexos. O chefe do departamento saiu da sala e chamou-me, ignorando os outros funcionários que estavam na fila que, imediatamente, começaram a reclamar porque eu havia passado na frente deles. Puxou-me pelos ombros e perguntou:

"Você também foi dispensado?"

Pela primeira vez na minha vida, estava entendendo o que era uma demissão coletiva. Eu estava furioso! Como ele não estava entendendo o motivo da minha demissão, ligou novamente para o superintendente, imaginando tratar-se de um erro. Conversaram pelo telefone e no final da conversa, o responsável pelo DP da empresa virou para mim e disse: "Fique tranquilo. Vai ser melhor para você!"

Eu, sinceramente, não conseguia entender como uma demissão poderia ser o "melhor para mim" e já era a segunda pessoa que dizia isso naquele dia.

O fato é que fiquei com muito ódio no coração, eu senti muita raiva de mim mesmo. Não sabia o que iria dizer para minha esposa, porque nunca havia sido demitido.

Considerava-me um ótimo profissional.

Depois de acertar os detalhes, perguntei se mais pessoas estavam sendo demitidas, a resposta foi: "Só os melhores e com tem mais tempo de empresa estão sendo demitidos!"

Naquele dia quase metade dos profissionais mais antigos daquela empresa foram dispensados e eu estava junto com eles, na mesma situação.

Como não tínhamos acesso às informações completas, todos nós que havíamos sido demitidos naquele dia, ficamos com um sentimento de derrota, aquela sensação de "o que foi que eu fiz para merecer isso?".

Resumo do jogo: passados 6 meses da minha demissão, minha vida mudou para melhor... isso foi incrível! Com o dinheiro do meu fundo de garantia acumulado por quase 10 anos, consegui comprar um carro novo, reformar minha casa e voltei a estudar para aprimorar ainda mais minha profissão. Melhorei meu currículo e saí buscando novas oportunidades, à procura de um emprego melhor.

Fiz vários testes e, finalmente, acabei sendo admitido por uma empresa multinacional com um salário quase 2 vezes maior que o anterior. Foi uma época difícil, mas que havia sido superada, eu realmente cresci muito.

Passado algum tempo fiquei sabendo pelo meu novo empregador que um dos fatores definitivos para minha contratação havia sido, justamente, uma ligação telefônica entre ele e aquele superintendente que havia me demitido. Aquele mesmo superintendente que falou "Você é jovem, tem um ótimo currículo e irá superar tudo isso!" havia recomendado meu nome como sendo um excelente profissional para aquela empresa.

Naquela mesma ocasião, também fiquei sabendo que a empresa na qual eu trabalhava anteriormente, havia entrado em falência administrativa e, por incrível que pareça, apenas os funcionários que haviam sido demitidos comigo conseguiram receber alguma indenização.

O fato é que durante esses 6 meses de desemprego eu, literalmente, tive sentimentos de raiva mesclados com mágoa e medo. Eu era um profissional que havia trabalhado durante 10 anos em uma empresa e que havia sido demitido sem muitas explicações. Naquela época, em pleno plano Collor, com o país vivendo sua primeira crise de confiança por causa da instabilidade financeira, não era tão fácil conseguir um emprego e com um filho recém-nascido, as coisas se complicavam ainda mais para mim.

Quando fiquei ciente da conversa entre o meu novo empregador com aquele superintendente eu fiquei aliviado, sentindo-me vitorioso. Imediatamente entrei em contato por telefone com aquele superintendente para agradecê-lo pela indicação.

Nos momentos de profunda crise existencial, temos a oportunidade de obter a consciência da nossa real força interior, pois são os desafios que nos fazem aprender. Os desafios nos fortalecem e com eles, crescemos.

Enfrentar desafios, aprender com as adversidades, superar os limites: esse é o grande diferencial daqueles que almejam alcançar estados mais elevados de excelência na vida.

Difícil é dar o primeiro passo. Quando tivermos atravessado esse limiar que divide os indecisos dos determinados, poderemos então compreender que os passos subsequentes não foram menos difíceis que os anteriores.

A cada passo, um novo desafio.

A cada desafio, um novo aprendizado.

Esse é o contínuo caminhar dos vitoriosos.

Continue caminhando, siga sempre em frente!

Portanto, olhe novamente para essa torcida que torce contra você e veja se tem alguém que mereça seu respeito, seu agradecimento.

Pode ser que exista alguém que você guardou rancor ou mágoa durante muito tempo e que por algum motivo, agora com mais calma, possa reconhecer que tudo o que aconteceu foi necessário para o seu crescimento. Pode ser que essa pessoa nem saiba dessa mágoa que você carregou durante tanto tempo.

Se você puder aliviar essa mágoa, faça isso: aproxime-se dessa pessoa e conte para ela tudo o que você passou e agradeça-a, dizendo que não tem mais esse sentimento negativo sobre ela, que tudo já passou.

Desse modo, você conquistará mais uma pessoa que estará torcendo por você!

4

A bola da vida

Assim como no futebol, nossa vida está repleta de altos e baixos. Existem situações em que um time está na ponta da tabela campeonato, ostentando as primeiras colocações e, de uma hora para a outra, começa a despencar na tabela. A beleza do futebol consiste na superação dos obstáculos que vão surgindo durante o campeonato.

Você já ouviu falar da história do time que começou lá em baixo e foi subindo, subindo e ficou campeão? Se a vida também é feita de altos e baixos, é necessário que você aprenda a superar as situações conflitantes que o mundo lhe proporciona, tomar fôlego e iniciar sua subida com determinação, isso é essencial para a conquista do campeonato. A bola de futebol neste livro irá representar a sua vida como um todo e, coincidentemente, ela tem uma forma esférica.

Essa forma é considerada a mais perfeita da geometria e várias culturas utilizam a esfera ou o círculo como um símbolo de harmonia, de perfeição, de totalidade. Assim deve ser nossa vida: devemos buscar sempre o equilíbrio em tudo o que fazemos! Perceba que o ato de jogar futebol exige um esforço físico e também mental. Já dizia a expressão latina "mens sana in corpore sano", ou seja, "mente saudável em corpo saudável".

Quando falamos sobre a vida, falamos sobre saúde. Saúde é, segundo a OMS - Organização Mundial da Saúde, "um estado de completo bem-estar físico, mental e social, e não apenas a ausência de doenças".

O bom jogador deve procurar encontrar um ponto de equilíbrio para poder alinhar todos os aspectos de sua vida e, para isso, deve orientar-se pelos 8 pontos de equilíbrio da vida que são:

1. FÍSICO
2. MENTAL
3. PROFISSIONAL
4. FINANCEIRO
5. FAMILIAR
6. RELACIONAL
7. EMOCIONAL
8. ESPIRITUAL

Cada área da sua vida é importante para a obtenção plena desse equilíbrio, portanto, não negligencie nenhuma delas. Se você equilibra sua vida profissional, se tem sua carreira sob controle, pode então ganhar tempo e recursos para o lazer, a família e cuidar, portanto, melhor de sua saúde física, mental e espiritual.

Se você se esquecer de cuidar da sua saúde física por 1 ano, irá sofrer as consequências nas demais áreas da sua vida e, inclusive, estará limitando também o número de anos da sua própria existência.

Se por outro lado negligenciar o ponto de equilíbrio financeiro, de nada adiantará estar bem alinhado com sua área profissional, pois tudo o que ganha trabalhando será gasto de uma maneira desequilibrada.

Os 8 pontos de equilíbrio estão interconectados e se reforçam mutuamente, ou seja, um ponto influencia, positiva ou negativamente, outro ponto. Você avança profissionalmente se tem boas relações sociais, você melhora sua vida familiar se tem boa saúde e vitalidade.

Você pode focar mais em um dos pontos, pois isso reforça sua atitude de mudança, mas não se esqueça de equilibrar também os demais pontos, ok?

Deixar sua bola cada vez mais redonda, ou seja, estar

no controle da sua vida é, literalmente, estar gerenciando positivamente todos os pontos de equilíbrio para viver uma vida com felicidade e plenitude.

Para que isso aconteça é necessário listar com exatidão as principais ações de melhoria em cada um dos 8 pontos de equilíbrio, sendo o mais específico possível, transformando as intenções em ações concretas. Se você focar em apenas um dos pontos, considere que a atividade ou ação escolhida também deverá passar pelos demais pontos, assim poderá satisfazer diversas necessidades de melhoria através de uma única e poderosa ação.

Por exemplo, ao invés de fazer uma atividade física isolada e angustiante como ficar caminhando sozinho em uma esteira na academia - pois isso consequentemente só irá beneficiar seu ponto de equilíbrio físico - você poderia escolher trabalhar em uma causa social ou em um grupo beneficente.

Você irá perceber que fazendo essa simples mudança, além de beneficiar o seu ponto de equilíbrio físico - pois atuar em causas sociais é um trabalho voluntário que também exige ações físicas - você ainda ganha de bônus um aumento expressivo da sua autoestima, o relacionamento com outras pessoas e até a melhoria do seu lado espiritual, compreende?

Ou seja, você estará atuando positivamente com uma única mudança, no mínimo, em outros 5 pontos de equilíbrio: físico, mental, relacional, emocional, espiritual. Com isso, inevitavelmente, ampliará as possibilidades de alinhar, progressivamente, todos os 8 pontos de equilíbrio da sua vida.

A seguir farei uma reflexão baseada em coaching de vida pessoal e profissional de cada um desses pontos.

Em seguida, vou pedir para você dar uma nota de 0 a

10 para cada um dos pontos. Essa pontuação representa em uma escala de 0 a 10 pontos, o quanto você está satisfeito ou o quanto você se dedica para melhorar cada uma das áreas da sua vida.

Eu quero pedir para que você faça agora uma intensa reflexão de como anda a sua vida e perceba como você está lidando com ela.

Faça também a seguinte reflexão para cada um dos 8 pontos de equilíbrio: "O que eu posso fazer - a partir de hoje - para melhorar a minha nota nesse ponto de equilíbrio?"

Pegue uma caneta e faça apontamentos, se preferir.
Então, vamos lá!

Ponto de equilíbrio da vida:
1. FÍSICO

Todo bom jogador sabe que deve cuidar muito bem do seu corpo, pois é a sua principal ferramenta de trabalho.

Estar equilibrado no ponto de equilíbrio físico é ter a consciência de que você deve sempre procurar obter um bom condicionamento físico, com exercícios corretos e regulares que não forcem sua estrutura corporal, além de uma alimentação balanceada, beber água em abundância e, principalmente, dormir bem, no mínimo de 6 a 8 horas por dia.

Periodicamente, deverá também procurar um médico de sua confiança e fazer um check-up para analisar como anda sua saúde. Além disso, saber cuidar de sua higiene corporal e íntima, fazendo regularmente os exames de rotina para acompanhar possíveis desvios da sua saúde. Portanto, é de extrema importância, especialmente à medida que se envelhece, que se tomem certas medidas com o intuito de preservar sua boa saúde física.

> **Para você refletir:**
> *Sua alimentação é saudável?*
> *Seu peso está dentro do desejável, do ideal?*
> *Você faz exercícios físicos regularmente?*
> *Pratica algum esporte?*
> *Você toma água em abundância?*
> *Pelo menos 2 litros (8 copos) por dia?*
> *Você dorme, pelo menos, de 6 a 8 horas por dia?*
> *Você tem feito um check-up médico periódico?*

Ponto de equilíbrio da vida:
2. MENTAL

Você acredita que possui hoje a maior parte dos conhecimentos desejados para exercer com excelência a sua profissão?

Tem mantido sua mente viva, aberta e operante para novos aprendizados, perspectivas e mudanças?

Cuidar do seu ponto de equilíbrio mental é manter-se em constante atualização, é estar "por dentro das melhores jogadas", é manter-se conectado com as novidades, estar por dentro do mundo que vive. As pessoas que vencem na vida estão sempre antenadas, buscam experimentar coisas novas e, com isso, mantém suas mentes em constante atividade.

A própria curiosidade aguçada dessas pessoas auxilia para que desenvolvam o interesse por novos aprendizados. Desfrutar o melhor de sua saúde mental significa ter uma sensação de bem-estar, sendo capaz de ter um sentimento de confiança para aceitar os desafios quando surgir uma oportunidade.

O bom jogador deve estudar sempre todas as melhores jogadas, e deve fazer isso observando e aprendendo com os melhores jogadores. Você já viu alguma galinha andando com águia? E minhoca andando com cobra?

Não se faz um time de vencedores com jogadores comuns.

> **Para você refletir:**
> *Você está estudando atualmente?*
> *Você gosta de ler? Quantos livros você lê por ano?*
> *Você participa de cursos, treinamentos, palestras?*
> *Você gosta de compartilhar conhecimentos com outras pessoas?*

Ponto de equilíbrio da vida:
3. PROFISSIONAL

Você saberia dizer agora quais são suas melhores habilidades como profissional? Todo jogador deve procurar melhorar sua técnica diariamente para ser um bom profissional.

Se você fosse seu próprio líder, estaria satisfeito com o seu desempenho? Quanto você valoriza sua profissão?

Se você sente que está na profissão errada ou no local errado, mude rapidamente. É preciso, profissionalmente, saber o máximo que puder sobre sua carreira. Os bons profissionais assumem tarefas e responsabilidades acima dos demais, pois compreendem que, quanto mais especializados forem em sua profissão, mais eficaz será o seu trabalho e mais atrativos serão para seus potenciais empregadores.

Como dizia Max Weber "o trabalho enobrece o homem", então procure um trabalho ou um clube que valorize o seu passe. Saiba escolher em qual time você quer jogar e faça o melhor que puder, pois o sucesso em sua carreira só depende do seu esforço.

Lembre-se: **sucesso** é ter a consciência de que você dedicou o **máximo** que podia para se tornar o **melhor** naquilo que faz, obtendo **resultados superiores** para você e seu **time**!

> **Para você refletir:**
> *Você está satisfeito com seu desempenho profissional?*
> *Se você fosse seu líder você daria uma promoção para si mesmo?*
> *Você sente-se realizado com seu atual emprego?*
> *Você já fez o seu plano de carreira profissional?*

Ponto de equilíbrio da vida:
4. FINANCEIRO

Não seja um jogador que gasta todo o seu salário, o seu "bicho" ou suas "luvas" com coisas supérfluas. Pratique o hábito de economizar com sabedoria, pois todos nós gostamos de comprar coisas que nos satisfaçam, não é? O problema não é comprar, mas como e quando comprar, ou seja, entender a diferença entre o nosso desejo e a necessidade real de comprar algo.

Uma maneira prática e simples para você controlar suas economias e que sempre indicio para meus clientes é a regra do "50-30-20" que consiste basicamente em:

• Use até 50% dos seus rendimentos para seus gastos básicos e fixos como alimentação, água, luz, etc.;

• Utilize 30% dos seus rendimentos para investir em si mesmo em atividades de educação, saúde ou lazer e;

• Aplique 20% em investimentos de médio e longo prazo.

Outra dica importante para evitar o impulso de comprar é usar seu dinheiro em vez de cheques ou cartões de crédito. Ao usarmos dinheiro, manuseando-o, sentindo-o sair dos nossos bolsos, estaremos mais atentos para a necessidade real da compra e também ao ato de economizar.

> **Para você refletir:**
> *Você está satisfeito com os seus rendimentos?*
> *Você tem o hábito de economizar?*
> *Como você economiza?*
> *Você gasta menos do que ganha?*
> *Como você planeja seus gastos e investimentos?*

Ponto de equilíbrio da vida:
5. FAMILIAR

Para estar em equilíbrio com a vida é preciso manter uma relação amorosa, saudável e feliz com sua família. Por isso, todo bom jogador procura manter sua família unida, constituir um lar e promover a paz e o amor. Portanto, organize seu tempo para abrir um espaço e se divertir junto com sua família, como viajar, jogar passatempos, organizar eventos familiares e festas surpresa, fazer caminhadas, ir ao shopping, assistir um filme e até cozinhar em família.

Saiba cuidar da sua família, escolhendo hábitos saudáveis como evitar o fast-food (lanches, pizzas) e inserir na rotina alimentar o ato de fazer pelo menos uma refeição diária junto com as pessoas que ama. Um hábito simples como sentar-se para refeições regulares em família é uma ótima maneira de se conectar com o outro e oferece uma oportunidade de incluir rotinas alimentares adequadas em seus filhos. Além de ensiná-los a explorar novos alimentos, você ainda tem aquele bate-papo para colocar as informações em dia. É importante manter também um relacionamento harmonioso com seus pais e seus parentes, enfim, todos que fazem parte dessa sua grande família.

Para você refletir:
Como está o seu ambiente familiar? Você está sempre junto com sua família? Você curte sua família? Sua família está satisfeita com o tempo que você dedica à ela? Você cultiva o diálogo transparente com seus familiares? Você respeita a opinião dos seus familiares? Você dá atenção às necessidades da sua família?

Ponto de equilíbrio da vida:
6. RELACIONAL

Para ter um equilíbrio sustentável na vida é preciso saber relacionar-se com outras pessoas, tanto social quanto afetivamente. Ser relacional é ter empatia que é a arte de saber lidar, compreender e entrar no mundo do outro e também, estar aberto para o relacionamento. Quando compreendemos os outros, nos relacionamos melhor e conquistamos mais relacionamentos duradouros. Muitas vezes, hábitos simples como cumprimentar alguém pelo nome ou dizer um "bom dia" com um sorriso no rosto já auxiliará você a ter um contato presencial marcante.

É importante também saber ouvir as pessoas, incentivando-as a falar sobre suas ideias, sonhos ou dificuldades. Uma pessoa empática se conecta presencialmente e, com isso, valoriza a participação das pessoas em sua vida. Se você se interessar sinceramente pelas pessoas, elas também se interessarão por você, pois sentem que são importantes para sua vida.

Como um bom jogador do jogo da vida, ajude as pessoas, exercitando seu voluntariado em causas sociais. Ajude sem impor condições e a vida será generosa com você, acredite.

> **Para você refletir:**
> *Você tem dedicado um tempo para seus amigos? Quanto? Você participa de festas, eventos, comemorações? Você ajuda alguma instituição de caridade? Qual? Você gosta de conversar com as pessoas? Com quais pessoas? Você tem algum hobby? Qual é o seu tipo de diversão?*

Ponto de equilíbrio da vida:
7. EMOCIONAL

O bom jogador deve cuidar muito bem do seu estado emocional, pois precisa ser equilibrado para poder definir melhor suas jogadas, manter-se calmo nas situações de conflito existencial e, acima de tudo, saber identificar, perceber e controlar suas emoções para poder vencer as situações de conflito e os desafios da vida.

Segundo os conceitos da Inteligência Emocional, inteligência é a capacidade do homem lidar com seu mundo emocional de forma inteligente e que seja compatível com seus objetivos mais amplos de vida. Portanto, para ser uma pessoa inteligente emocionalmente, você deve seguir essas 5 jogadas de craque:

Jogada 1. Saber reconhecer suas próprias emoções e sentimentos quando ocorrem, não deixando-os dominar você;
Jogada 2. Saber lidar com os próprios sentimentos, adequando-os a cada situação vivida;
Jogada 3. Saber dirigir as emoções a serviço de um objetivo ou realização pessoal;
Jogada 4. Reconhecer as emoções nos outros e saber ter empatia de sentimentos com as pessoas;
Jogada 5. Saber interagir com outros indivíduos utilizando competências sociais como saber ouvir, dar atenção.

> **Para você refletir:**
> *Você consegue perceber e controlar suas emoções?*
> *Você costuma culpar os outros pelos seus erros?*
> *Você é equilibrado em situações de crise?*
> *Você mantém a calma nos conflitos?*

Ponto de equilíbrio da vida:
8. ESPIRITUAL

O bom jogador deve praticar a espiritualidade para ter crenças positivas. Uma vida espiritual desequilibrada propicia desarmonia nos outros pontos de equilíbrio, pois assim como sua saúde depende de hábitos alimentares equilibrados, suas atividades espirituais também necessitam de equilíbrio para promover harmonia geral em todas as outras áreas da sua vida.

Manter seu corpo, sua mente e, principalmente, seu "eu espiritual" em constante aperfeiçoamento é um dos caminhos para se alcançar o equilíbrio perfeito nessa existência.

Práticas como meditação e oração auxiliam a sua conexão com a sua espiritualidade, engajando-a em um processo permanente de aprimoramento, pois somos seres imperfeitos. Uma pessoa equilibrada com o ponto espiritual reconhece a importância de se sentir fortalecida espiritualmente para reforçar de forma consistente todas as conexões de sua vida. É uma maneira de estar conectado com o seu lado divino. Lembre-se da dica sobre humildade e gratidão: aproveite para agradecer pela sua existência diariamente e, principalmente, mantenha sua fé.

> **Para você refletir:**
> *Você tem o hábito de meditar e refletir sobre a vida? Você norteia sua vida por princípios e valores espirituais? Você respeita as crenças das outras pessoas? Você tem consciência de qual é a sua missão nessa vida? Como anda a sua paz de espírito? Como está a sua consciência interior?*

Agora que você já fez uma reflexão sobre os **8 pontos de equilíbrio** da sua vida, coloque pontuações de 0 a 10 para cada um deles na BOLA DA VIDA abaixo. Depois de colocar uma pontuação em cada um deles, una os pontos e veja como ficou a sua bola. Essa é a sua BOLA DA VIDA:

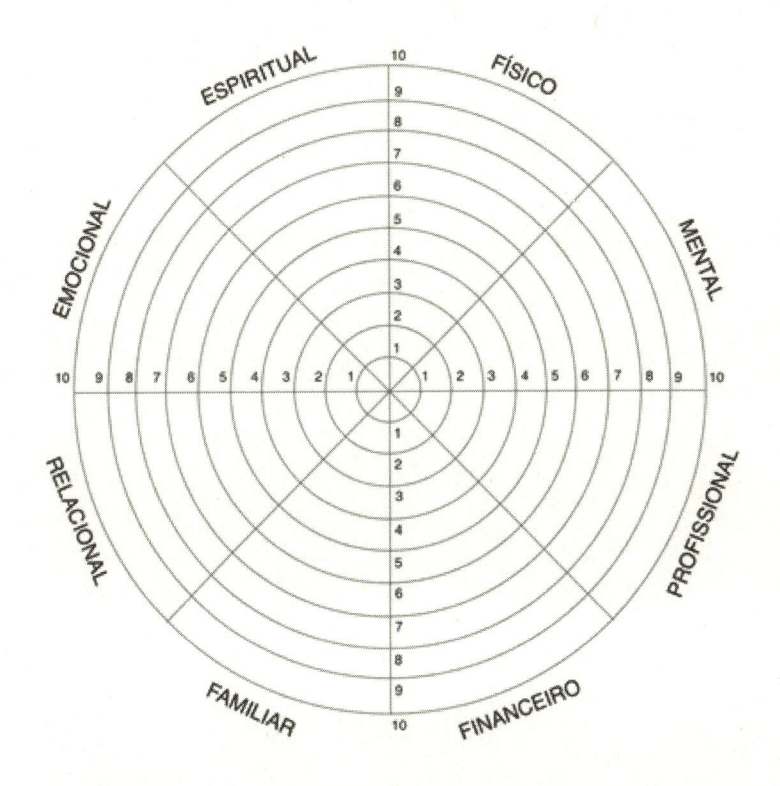

(Diagrama da Bola da Vida com 8 eixos: ESPIRITUAL, FÍSICO, MENTAL, PROFISSIONAL, FINANCEIRO, FAMILIAR, RELACIONAL, EMOCIONAL — escala de 0 a 10)

Para você refletir:
Você está contente com o formato da sua bola? O que você pode fazer a partir de hoje para melhorar esse formato? O que você pode fazer para equilibrar melhor a sua vida? Qual dos pontos deverá ser aprimorado em primeiro lugar?

5

Faça um 5S na sua vida: deixe sua bola ainda mais redonda!

Para deixar sua bola mais redonda, para ter sua vida ainda mais equilibrada, faz-se necessário uma reorganização no seu modo de ser, pensar e agir. Vou auxiliar você a refletir sobre isso.

Muitas vezes priorizamos tarefas no nosso dia a dia que não trazem benefícios para nossa realização pessoal e profissional. Perdemos tempo com coisas inúteis, deixamos de priorizar o que é essencial para o nosso sucesso, negligenciando tudo o que poderia fazer a diferença para o alcance dos nossos resultados. Ao permitirmos isso, escolhemos nos afastar cada vez mais da nossa ZONA DE ESFORÇO, que é onde conquistamos os resultados mais expressivos da nossa vida. E o que é zona de esforço? Minha definição para zona de esforço é essa:

ZONA DE ESFORÇO: FOCO + ESFORÇO + TEMPO = RESULTADO

Ou seja, todo RESULTADO é obtido com um ESFORÇO aplicado ao longo de um TEMPO para um determinado FOCO. Você precisa FOCAR naquilo que é importante para o equilíbrio da sua vida e se ESFORÇAR incansavelmente por um TEMPO determinado para colher o RESULTADO que tanto almeja.

Infelizmente, a maioria das pessoas não tem consciência daquilo que é IMPORTANTE ou URGENTE para o alcance dos seus objetivos e acabam desviando sua atenção (desfocando) para coisas inúteis e supérfluas que as afastam dos seus objetivos.

Ao fazerem isso, permanecem na sua ZONA DE CONFORTO.

Para você refletir:

Quanto tempo do seu dia a dia está sendo desperdiçado com coisas inúteis e desnecessárias?

Como podemos sair da ZONA DE CONFORTO

para focarmos nossa atenção na ZONA DE ESFORÇO que é importante para o alcance dos nossos resultados?

Quero apresentar para você o 5S ou 5 SENSOS, um conceito muito conhecido no ambiente empresarial. Farei uma adaptação desse conceito para você analisar onde deve se esforçar na sua vida pessoal e profissional. Para isso, precisará colocar foco naquilo que é prioritário para o alcance do seu objetivo, além de fazer uma limpeza das atividades supérfluas que desperdiçam seu tempo.

O conceito de 5S no âmbito empresarial é uma metodologia organizacional que surgiu no final da década de 60 no Japão devido à constatação de que a maioria das empresas japonesas estavam desorganizadas. Naquela época, os japoneses viviam em um contexto de reestruturação socioeconômica do país após o desastre da bomba atômica na Segunda Guerra Mundial e, praticamente, não tinham a real percepção dos ambientes no qual passavam a maior parte do seu dia, trabalhando em um regime médio de até 12 horas de trabalho.

A metodologia básica do PROGRAMA 5S como é popularmente chamado no mundo corporativo, consiste na recuperação dos ambientes de trabalho, especificamente dentro dos aspectos de limpeza e organização, através da implementação de pequenas tarefas diárias que devem ser praticadas com muita disciplina e determinação.

O 5S diferencia-se dos demais programas, pois prima pela melhoria contínua do processo, ou seja, não é um simples programa temporário com início, meio e fim.

Ele foca, principalmente, na melhoria da eficiência na organização dos ambientes, através do senso do que é útil ou inútil, necessário ou desnecessário, além de organizar, limpar e identificar tudo aquilo que se é utilizado com frequência.

Para você refletir:
Você já perdeu um tempo precioso procurando algo importante e não conseguiu encontrar o que precisava?
E se aquilo que você procurava
estivesse ao alcance de sua mão?

Como o próprio nome já diz, o 5S é composto por 5 princípios chamados de SENSOS cujas palavras transliteradas do japonês ao nosso idioma, iniciam-se com a letra S.
Como é um programa que pode ser aplicado para qualquer ambiente pessoal ou profissional, você poderá também adaptá-lo para a organização de suas rotinas diárias, reprogramando sua vida para o alcance dos seus objetivos.

Para você refletir:
Há quanto tempo você não organiza ou limpa sua casa ou seu ambiente de trabalho?
Você encontra facilmente as coisas que procura?
Elas estão visíveis e à sua disposição?
Seus arquivos no computador estão
dispostos de maneira organizada?
Com qual frequência você organiza suas
coisas pessoais e profissionais?

Vamos entender um pouco sobre os 5 SENSOS do programa, pois com eles você obterá maior produtividade, reduzindo assim tempo e despesas desnecessárias e aumentando sua satisfação pessoal. São eles:
O primeiro "S" é o SEIRI que é o senso de UTILIZAÇÃO.
Procure verificar tudo o que você possui na sua vida pessoal e profissional pelo aspecto do que é realmente essencial para suas rotinas diárias e descarte tudo aquilo que não lhe serve mais.
Faça uma lista com 2 colunas (coluna 1= útil; coluna

2= inútil) e procure listar tudo o que for útil ou inútil para sua vida como, por exemplo, relacionamentos, ambientes que frequenta, conversas, hábitos ou comportamentos que possam auxiliar ou impedir você de conquistar seus objetivos. Faça um verdadeiro inventário de tudo aquilo que considera útil para você e que, portanto, deveria investir mais do seu tempo e recursos para potencializar o alcance dos seus resultados. Da mesma forma, faça também um inventário daquilo que é inútil e deveria eliminar da sua vida, pois distancia você da felicidade e do sucesso.

O segundo "S" é o SEITON que é o senso de ORDENAÇÃO.

Organize seu espaço, verifique o que você pode fazer para facilitar sua vida, deixando o máximo possível de coisas úteis à sua disposição. Por exemplo, que tal organizar sua lista de e-mails? Ordenar as pastas do seu computador ou aquela sua coleção de discos e livros antigos? Quando tudo está ordenado e com fácil acesso, você economiza tempo, eliminando movimentos desnecessários. O terceiro "S" é o SEISO ou senso de LIMPEZA.

Esse, na minha opinião, é um dos mais importantes sensos e deve ser praticado diariamente.

Você deve manter seu ambiente de trabalho limpo mas também, metaforicamente, limpar seus pensamentos e crenças negativas, como, por exemplo, "eu não posso", "eu não consigo", "eu não mereço", assim como os comportamentos negativos que acompanham essas crenças. Ou seja, se você acredita que não merece, se comportará como vítima das circunstâncias da vida, se acredita que não consegue, se comportará como alguém indeciso, inseguro. O seu comportamento que é o seu "modo de agir" acompanha o seu "modo de pensar", compreende?

Procure limpar também toda poluição visual, auditiva e cinestésica que cerca o seu dia a dia e que possa desviar seu foco como, por exemplo, o volume alto do som, o exagero das cores, o acúmulo de coisas desnecessárias em sua vida. Limpe-se, clareando suas ideias, deixando mais espaço para novos projetos em sua vida. Muitas vezes, ficamos presos às nossas expectativas e isso acaba gerando uma ansiedade desnecessária.

Limpe-se de suas expectativas, seja mais claro, direto e objetivo nas suas decisões, enfim, saiba escolher.

O quarto "S" é o Seiketsu ou senso de NORMALIZAÇÃO.

Entenda que, normalizar é criar regras e procedimentos para que você possa criar uma rotina de atividade e segui-las com afinco.

Assim como padronizamos procedimentos, poderemos também padronizar nossas rotinas diárias ou criarmos regras para cuidarmos melhor da nossa saúde física, mental e ambiental, conduzindo nossa vida com mais disciplina.

Por exemplo, se você especificar que todos os dias em um determinado horário irá praticar alguma atividade física por um tempo determinado, você estará criando uma regra específica quanto à sua atitude de melhorar seu condicionamento físico.

Mais importante do que criar essas regras é segui-las, especialmente quando temos um objetivo muito bem definido.

O quinto "S" é o SHITSUKE ou senso de AUTODISCIPLINA.

Não adianta nada você conseguir administrar em sua vida os quatro sensos anteriores se você não tiver a disciplina e a determinação necessárias para manter tudo aquilo que começou, adaptando-se às mudanças quando necessário.

Espero que tenha apreciado essa reflexão, meu objetivo foi traçar para você uma pequena analogia entre o 5S tradicional e um provável 5S da nossa vida pessoal e profissional.

Lembre-se que, da mesma maneira que possuímos bens e recursos materiais que devem ser organizados dentro de um ambiente, também possuímos situações na nossa vida pessoal ou profissional às quais devemos organizar, priorizar, normalizar e manter sempre no nosso controle, assumindo o domínio das nossas expectativas e procurando fazer a melhor escolha, pois nós somos os únicos responsáveis pelas nossas conquistas.

5S

1. SEIRI — Utilização
2. SEITON — Ordenação
3. SEISO — Limpeza
4. SEIKETSU — Normalização
5. SHITSUKE — Autodisciplina

6

Como você está chutando sua bola?

Ah! Eu chuto de bico, de qualquer jeito...

Se você chuta a bola de qualquer jeito e joga a partida apenas por jogar, não será reconhecido ou valorizado como um bom jogador. Assim também é a vida: se você não valoriza as oportunidades, se não busca a excelência, se não dá o melhor de si, ninguém terá confiança suficiente para deixar uma jogada decisiva nos seus pés. Cobrar um pênalti então, nem pensar.

Fique atento na jogada:

As boas oportunidades só acontecem poucas vezes na vida.

Se você desprezá-las e chutá-las de qualquer jeito, não marcará o gol da vitória.

As pessoas altamente eficazes sempre focam nas oportunidades que a vida proporciona e não nas dificuldades e nos problemas.

Elas agem no momento oportuno e são extremamente rápidas nas decisões. Portanto, não fique distraído, não deixe de dar atenção aos detalhes que realmente fazem a diferença em uma partida decisiva.

Vista a chuteira certa para cada tipo de gramado, não deslize no campo molhado com uma chuteira de cravos baixos.

Existe um jeito certo para cada coisa na vida. Faça o seu melhor, dê 200% de rendimento na partida, não faça as coisas pela metade. Já dizia Napoleon Hill: "Se você fizer as coisas pela metade, será um fracassado. Nós descobrimos nesse mundo que o sucesso começa pela intenção da gente e tudo se determina pelo nosso espírito". Não adianta você ter ótimas intenções se não transformá-las as ações concretas.

Se não tiver o espírito da atitude, do querer, o seu projeto não vai sair da prancheta. Será apenas uma boa ideia. Será como um "dream team", um time dos sonhos, que nunca jogou uma partida. Desse jeito você não vai chegar nem nas quartas de final, sera desclassificado antes do final do campeonato. É isso o que você quer?

Ah! Eu chuto com classe!

Se você é um jogador sério, que pratica a nobre arte do futebol, troca passes com os bons jogadores, chuta sua bola com classe, escolhendo o canto certo para a "gorduchinha" entrar, então o gol é certo.

Fique atento na jogada:

Se você tem conhecimento do jogo, tem habilidade em conduzir a bola e atitude para marcar o gol, você decide a partida.

Desse jeito, os outros jogadores se aproximam de você.

Eles querem dividir as jogadas com você, pois confiam em você.

Quando temos um foco definido e promovemos a ação, o resultado acontece. Depois é só continuarmos praticando e melhorando as jogadas, desse modo, adquirimos experiência com muita técnica e precisão. Essa é a equação do sucesso:

SUCESSO: FOCO + AÇÃO = RESULTADO

Utilizando essa equação, seu sucesso será referenciado por todos os outros jogadores, valorizado pela torcida e visto por outros clubes que disputarão o seu passe.

7

O futebol é o esporte mais popular do mundo!

O futebol é o esporte mais popular do mundo, sendo praticado nos 4 cantos do nosso planeta, sem distinções de fronteiras ou de raças. Esse esporte como atualmente conhecemos, teve suas regras e práticas originadas na Inglaterra, no século 19.

Algumas pesquisas recentes comprovam ainda que o jogo com bola é praticado desde o século 25 A.C. e que sua origem vem de uma prática militar da China antiga.

Os chineses quando derrotavam seus inimigos, cortavam suas cabeças e iniciavam um estranho jogo que consistia, literalmente, em ficar chutando essas cabeças decepadas de um lado para o outro, levando-as para dentro de duas estacas fincadas em um campo aberto.

Fico imaginando se é desse fato histórico da China que vem a expressão "fazer um gol de cabeça"... já imaginou o gandula desse jogo, repondo as cabeças? Nós estamos falando de 4.500 anos de história da "gorduchinha", da "pelota", da "esférica", entre outros nomes dados à bola de futebol.

8

Quando tudo começou no Brasil?

Existem várias teses sobre a origem do futebol em solo brasileiro. Uma delas é que o futebol no Brasil foi introduzido por um brasileiro de nome britânico que morava no Brás, em São Paulo. Ele era Charles Miller, filho de ingleses que residiam no Brasil. Após passar 10 anos estudando na Inglaterra, nosso amigo Charles Miller voltou ao Brasil em 1894 trazendo uma bola de futebol de "capotão" e algumas camisetas. Iniciou no São Paulo Athletic Club os ensinamentos do esporte aos associados.

Curiosidades do futebol:

A bola de "capotão" era um tipo de bola que tinha uma câmara de ar inflada com o auxílio de uma bomba manual ou até mesmo com o próprio ar dos pulmões. A câmara tinha uma espécie de ponta metálica (bico para o ar entrar) que ficava dentro de uma capota formada por vários tiras de couro costuradas.

O São Paulo Athletic Club não tem nada a ver com o atual São Paulo Futebol Clube. É um clube desportivo paulistano e seu departamento de futebol foi até desativado. Esse clube ficou famoso por montar uma das principais equipes de rúgbi do Brasil, que é um esporte muito semelhante ao futebol. Outra tese interessante é que o futebol foi trazido por alguns marinheiros ingleses que aportaram no Rio de Janeiro em 1872.

9

As 4 figuras principais do futebol

Você vai conhecer agora as 4 figuras principais do futebol que são:
1. O jogador;
2. O árbitro;
3. O treinador;
4. O torcedor.

Sem essas figuras não acontece o espetáculo.
Para que você entenda essa analogia, essa comparação do futebol com a vida, é preciso compreender que todos nós assumimos alguns desses 4 papéis no nosso dia a dia.

É quase certo que você se identifique com algumas das características dessas figuras ou reconheça pessoas da sua vida que possuem esses comportamentos.

O jogador

O jogador de futebol é o trabalhador, o batalhador, o guerreiro do campo. É aquele que, com suas jogadas, cativa os torcedores. Ser jogador de futebol é saber trabalhar com a bola, é ter o domínio da técnica do futebol.

O bom jogador ou o bom profissional sabe que deve praticar continuamente para melhorar as suas jogadas. Ele pode ser talentoso, mas sabe que só será reconhecido pelo time e pela torcida quando dividir as melhores jogadas com sua equipe, jogando com união, com integração e motivação, ajudando o seu time a ser campeão.

Ele tem um único propósito: dar o melhor de si para conquistar o campeonato da vida.

Para você refletir:
Que tipo de jogador você é?
Como você está conduzindo a bola?
Em qual time você está jogando no campeonato da vida?
Qual é a sua torcida? Quem torce para você?

O árbitro

O árbitro ou juiz de futebol é aquele que impõe as regras, que tem o controle da partida em suas mãos. Ele representa as normas, as leis dentro do campo, ele é a autoridade máxima.

Se um jogador "pisar na bola", com certeza levará uma advertência. Em algumas ocasiões, fazemos o papel de árbitro no jogo da vida, ou seja, também impomos regras e advertimos as pessoas, muitas vezes injustamente e sem termos poder ou autoridade para isso. Lembre-se: só é respeitado aquele que respeita e o seu direito termina onde começa o direito do outro.

O bom árbitro é aquele que não se vende, não aceita a "mala preta", pois ele é honesto e sabe respeitar as leis. Se precisar dar um cartão amarelo para alguém, faça isso com determinação e sem arrogância, procure dar o exemplo, ensinando e orientando. Se precisar dar um cartão vermelho, seja justo e responsável, você não deve prejudicar a partida de ninguém pela sua falta de experiência.

O treinador

O treinador ou técnico de futebol é aquele que ensina e treina sua equipe. Normalmente, um treinador de futebol é um profissional que transmite segurança e confiança aos jogadores pela sua experiência, influenciando e motivando a equipe, identificando as melhores táticas para uma partida. Ele analisa as estratégias do time adversário e dá as dicas para aprimorar seus jogadores.

Todos nós temos um técnico ou treinador na nossa vida pessoal ou profissional, que pode ser uma pessoa especial como seu pai ou sua mãe, um professor ou até um amigo. Essa pessoa, que é o seu treinador pessoal, está sempre ao seu lado, orientando e apoiando suas atitudes, sem exigir nada em troca.

Você também deve ser um treinador de alguém.

Tenho certeza que alguém o admira pelos seus conselhos e suas atitudes, vê em você um modelo a ser seguido, já pensou nisso?

Essa é a beleza do jogo da vida: aprender e continuar a transmitir o aprendizado, é um processo de troca, de continuidade. Você é treinado e treina alguém, com isso, cria admiradores e seguidores.

O torcedor

O torcedor é aquele que vibra, que torce e que apoia seu time.

É o maior incentivador de uma equipe e está sempre ali na arquibancada ou no alambrado, faça chuva ou faça sol.

Nelson Rodrigues, famoso dramaturgo, jornalista e escritor brasileiro, além de ser um apaixonado pelo futebol, tinha um lema: "Sem torcedor não há futebol". Nelson era um fanático torcedor do Fluminense, em uma de suas frases antológicas proferiu: "Se o Fluminense jogasse no céu, eu morreria para vê-lo jogar". A beleza da torcida reside na sua persistência em acreditar, torcer é um ato de pura paixão. A torcida é o décimo segundo jogador de qualquer time de futebol.

Curiosidades do futebol:
A primeira torcida organizada no Brasil foi composta por um grupo de mulheres que torciam para o Atlético Mineiro, no início da atuação desse clube em 1908. As mulheres iam aos estádios com bandeirinhas e devidamente uniformizadas para acompanhar seus maridos.

10

Os 4 tipos de times

"O homem é um ser social. O que vive, isoladamente, sempre, ou é um Deus ou uma besta", disse Aristóteles, filósofo grego, com muita propriedade. Todos nós fazemos parte de um grupo de pessoas, somos seres sociais e, portanto, vivemos em sociedade.

Para a sociologia, ciência humana que estuda o homem como ser social, o termo Sociedade significa um conjunto de pessoas que compartilham os mesmos propósitos, gostos, preocupações e costumes, e que interagem entre si constituindo uma comunidade.

Quando pergunto: "Qual é o seu time? Em qual time joga?", refiro-me a quais grupos pertence.

O primeiro grupo que você faz parte é a sua família.

Você se lembra quando era uma criança? Nessa fase da nossa vida, somos totalmente dependentes dessa relação, pois não temos condições de nos sustentar sozinhos.

Depois, com o passar do tempo, nossos relacionamentos em grupo vão aumentando. Passamos a ter um grupo de amigos, a frequentar uma escola e daí temos um grupo de colegas de classe e assim por diante.

Quando conquistamos nosso primeiro trabalho, começamos também a conquistar nossa independência, ou seja, já não somos mais tão dependentes de nossa família.

O nosso local de trabalho também é formado por um grupo de pessoas do qual fazemos parte. Você também irá frequentar algum clube com um grupo de associados, não é?

Durante toda nossa vida pertenceremos a vários grupos sociais com regras, objetivos e costumes totalmente diferentes e, na maioria deles, estaremos nos adaptando. Em uma equipe de futebol isso não é diferente: todos os jogadores vestem a camisa do seu time e trabalham para conquistar o objetivo principal, que é vencer o campeonato. Todos compartilham do mesmo sonho, do mesmo ideal.

É importante que saiba escolher em qual time quer jogar, pois toda equipe tem seus pontos fortes e fracos.

Peço agora para você analisar os 4 tipos de time que disputam o campeonato da vida, irei falar detalhadamente de cada um deles. Lembre-se que esses tipos de times de futebol são idênticos às equipes de uma empresa ou negócio, portanto faça uma análise crítica de como anda sua equipe.

- Você pode estar jogando no time que joga na retranca, que só se defende e que tenta de todas as formas sobreviver no campeonato.
- Você pode estar jogando no time que joga no contra-ataque, que vive esperando uma bobeada do adversário para marcar um gol e que só se mantém nas posições medíocres do campeonato.
- Você pode estar jogando no time que joga no ataque, que vai para cima e marca o gol, que está em pleno crescimento, ocupando as melhores posições da tabela.
- Você pode estar jogando no time que joga por completo, tanto na defesa, quanto no meio de campo ou no ataque, e que aproveita as melhores oportunidades com os talentos que possui.

Você vai conhecer um pouco mais sobre os 4 tipos de times e eu pedirei para refletir sobre suas escolhas. Escolher em qual time joga é escolher qual será o rumo da sua vida.

Em qual deles você joga?

Primeiro tipo de time:
Time que joga na retranca

O time que joga na retranca no campeonato da vida apenas se defende, pois não tem condições técnicas para atacar. São jogadores que apenas tentam, tentam e tentam vencer. Na realidade, tentam sobreviver no campeonato da vida.

Com esse tipo de comportamento, as derrotas são inevitáveis, pois os jogadores estão sempre despreparados e desmotivados.

O técnico desse tipo de time não tem muita experiência no negócio e vive descontando sua incompetência nos outros, é um resmungão de primeira e está sempre chorando sobre o leite derramado.

Normalmente, não analisa o adversário e confia na sua intuição. Na hora de escalar o time para o jogo, ele sempre muda a formação na última hora, pois está com vários jogadores "pendurados" ou sem condições físicas para a partida.

Como ele não possui esquema tático, os jogadores ficam perdidos em campo sem saber o que fazer e acabam cometendo várias faltas, levando-os à expulsão. É um time que sofre muitas ameaças e tem pouquíssimas oportunidades de ataque, pois sempre joga recuado.

O clube não investiu em bons jogadores, na realidade, vive "capengando" no campeonato da vida.

A sua torcida é formada por meia dúzia de torcedores resmungões que só vão ao campo para ficarem encostados no alambrado gritando com o técnico e, na maioria das vezes, acabam torcendo para o time adversário.

Esse time sempre ocupará as últimas posições na tabela e fatalmente acabará rebaixado no campeonato da vida. Provavelmente, um dia, fecharão as portas do clube. Se você estiver jogando nesse time, tome cuidado.

Procure estudar e treinar mais para poder mudar imediatamente de time, só assim irá conquistar melhores oportunidades e posições. Lembre-se: minhoca não anda com cobra e nem galinha com águias.

Comece a observar os bons jogadores e aprenda como eles conquistam as melhores posições na tabela do campeonato da vida.

Segundo tipo de time:
Time que joga no contra-ataque

O time que joga no contra-ataque é um time oportunista, pois só ataca quando o adversário dá uma bobeada. Ele joga no contra-ataque e às vezes vence o jogo, porque explora uma falha no ataque do adversário. Na realidade, o time adversário atacou, atacou e atacou, dominou toda a partida durante quase noventa minutos e o time do contra-ataque só estava se fingindo de "peixe morto". Daí aproveitou a falha do adversário e marcou o gol da vitória.

Mas esse esquema nem sempre dá certo e, diferente do time que jogava na retranca, o time do contra- ataque às vezes ganha e às vezes perde. O time que joga no contra-ataque se mantém no campeonato da vida ocupando posições medíocres na tabela.

É um time que continua sofrendo ameaças, mas tem algumas oportunidades de ataque.

O técnico desse time é daquele tipo "encostadão", normalmente um ex-jogador medíocre que nunca teve experiência na posição de treinador de uma equipe, mas que, de repente, por falta de recursos do clube, acabou sendo contratado de última hora para substituir outro técnico, também medíocre, recentemente demitido.

Ele quer mostrar resultados a qualquer custo mostrando que entende do negócio, mas na realidade, só faz besteira. Arruma confusão com os jogadores mais experientes, só escala os "peixinhos", os protegidos, vive brigando com a torcida, enfim, desestabiliza o time pela sua insegurança.

A torcida desse time também é formada por "encostadões" iguais ao técnico, muitas vezes são torcedores que não têm energia para motivar o time, são torcedores de final de semana, que não vestem a camisa do clube.

Ficam apenas esperando o time marcar gol para comemorar.

Eles esperam em silêncio absoluto.

Às vezes, alguém ameaça treinar um corinho ensaiado, bem típico no mundo do futebol, que é logo abafado pelos demais. É uma torcida que torce apenas por conveniência, às vezes porque moram perto do estádio, se tivessem que se deslocar muito nem iriam torcer pelo time.

Se o time vai bem, ótimo, se vai mal, tudo bem também, já que o importante para esse clube e sua torcida é não ser rebaixado. Esse time não é rebaixado, mas não espere que seja campeão.

Ele vai se manter jogando totalmente despercebido e no final apenas cumprirá a tabela do campeonato da vida, sem nenhum mérito, sem nenhuma conquista.

Terceiro tipo de time:
Time que joga no ataque

O time que joga no ataque no campeonato da vida, tem maiores chances de obter a vitória.

Ele é formado por jogadores que jogam para frente, mas que sabem respeitar seus adversários. Sempre ocupam as melhores colocações na tabela, porém ainda sofrem algumas derrotas.

Essas derrotas só motivam o time a continuar melhorando. É um time que joga com muita raça aliada à técnica e os jogadores estão sempre motivados para a partida.

O técnico do time tem experiência no negócio, já passou por várias equipes de futebol, quase todas vitoriosas. Ele sabe escalar o time e manter a equipe motivada, unida, exige muito de seus jogadores no treino, na concentração e na partida.

É muito enérgico e determinado, extremamente estratégico, analisa cada detalhe do seu adversário para montar seu esquema tático.

É um time que já não sofre tantas ameaças e tem boas oportunidades de vencer o campeonato.

A sua torcida é formada por torcedores que incentivam o time nas vitórias, mas quando sofrem uma derrota preferem ficar calados, sem manifestações porque confiam no time.

Esse time sempre estará nas melhores posições na tabela e sempre terá chances de disputar as finais do campeonato da vida. Como é um time que está crescendo, seus jogadores podem até ser convocados para jogar na seleção brasileira.

Quarto tipo de time:
Time que joga por completo

O time que joga por completo é o time que joga para ganhar o campeonato da vida, seja na defesa, no meio de campo ou no ataque. É um time coeso, unido e muito experiente que joga com estratégia, respeitando o adversário.

É formado por jogadores experientes vindos de outros clubes. É um time habilidoso, com toque de bola refinado e que possui entrosamento coletivo, cada jogador faz o melhor na sua posição.

Como é um time formado por estrelas, o técnico também é muito experiente e carismático, sendo vitorioso no campeonato da vida. Ele cativa os jogadores pela sua experiência e é muito criativo nas jogadas ensaiadas.

Sabe explorar o potencial de cada jogador e escalar o time certo para cada tipo de partida, administrando as oportunidades de vitória. Extremamente visionário e motivador, esse técnico sabe como obter o melhor rendimento da sua equipe, por meio de um plano tático detalhado.

Esse time joga cada partida como se fosse a última, disputando cada ponto na tabela com muita determinação, vibrando pela conquista. Quando ele chega nesse estágio é só administrar as vitórias e investir no desenvolvimento dos seus atletas.

A torcida desse time é apaixonada pelo clube, na vitória ou na derrota, continuam torcendo, motivando o time até o último minuto do jogo. Esse time sempre estará disputando as finais e com certeza será o grande campeão do campeonato da vida.

11

O dono da bola

É muito importante termos a percepção exata do nosso tamanho e quando digo isso, estou me referindo ao que realmente nós somos, ou em quem acreditamos ser.

Existem pessoas que contam conosco e muitas vezes não temos sequer a noção da nossa importância para a vida delas.

Muitas vezes acreditamos que somos valiosos ou importantes demais para alguém e isso pode ser uma ilusão, algo que só existe na nossa cabeça.

Você pode estar acreditando que está sendo bem-sucedido no jogo da vida, que está driblando todo mundo, que está fazendo as melhores jogadas, que está jogando pelo time, que está suando sua camisa e, de repente...

... você é substituído!

Entenda: ninguém é insubstituível nessa vida.

A não ser que você seja o "dono da bola"!

Por falar em ser o "dono da bola", lembrei-me novamente de uma história que aconteceu comigo. Posso contar?

Na minha infância, em meados da década de 70, eu era um menino de 10 anos que adorava jogar bola na rua, mas confesso que nunca fui muito habilidoso na arte do futebol.

Quando a "turminha da vila" - refiro-me aos meus amigos de infância - se reunia para jogar uma "pelada" ou "racha" na rua, eu era um dos últimos a serem escolhidos.

Não sei se era por falta de habilidade com a "pelota" ou de entrosamento e amizade com os meninos da vila. Eu lembro que ficava muito chateado por ser o último a ser escolhido.

Na época, confesso que fazia parte da turma dos "arrumadinhos", sabe? Um típico "nerd".

Enquanto todo mundo ficava brincando na rua, se "sujando na terra vermelha" - como dizia minha mãe, a Dona Dirce - eu estava dentro de minha casa lendo meus gibis e assistindo aos desenhos na televisão, que eram também minhas maiores paixões naquela época.

Passava horas e horas a fio na frente daquela televisão que funcionava por meio de válvulas e transmitia imagens chuviscadas em preto e branco, assistindo aos desenhos da Hanna Barbera, Disney e filmes como Jornada nas Estrelas, Viagem ao Fundo do Mar, Perdidos no Espaço, entre outros. Lembro-me da primeira vez que vi um filme colorido na minha vida, foi no final da década de 70.

O pai de um amigo meu havia comprado uma televisão colorida. Esse meu amigo convidou toda a vizinhança para vermos um daqueles filmes japoneses que naquela época faziam o maior sucesso, dentre eles o Ultraman. Foi fantástico ver o Ultraman que antes era em preto e branco adquirir cores. O uniforme dele era prateado e vermelho e ele estava lutando com um monstro verde que soltava uma gosma azul durante a luta. Interessante como me lembro claramente desse acontecimento.

Fui um menino que saía pouco de casa, minha mãe era muito rigorosa com essas coisas que só as mães se preocupam: limpeza, organização e disciplina. Hoje, agradeço a ela pela minha formação e educação. Eu realmente devo muito aos meus pais, mas quando você é criança, não entende porque seus pais são tão exigentes.

Só quando você é pai ou mãe, entende e valoriza seus pais, é como aquela letra do Renato Russo que diz: "Você culpa seus pais por tudo, isso é absurdo. São crianças como você. O que você vai ser quando você crescer".

Com o passar do tempo eu fui conquistando a amizade e confiança da "turminha da Vila São Jorge". Não confundam Vila São Jorge com o Parque São Jorge do Corinthians, meu time do coração. Vila São Jorge era um bairro da cidade de Guarulhos, onde eu morava naquela época. Eu fui passando do último a ser escolhido para o penúltimo e assim por diante, até chegar às primeiras escolhas.

Lembro-me que treinava insistentemente com uma bola de borracha em casa, na realidade era uma câmara de uma velha bola de futebol que um de meus tios havia me dado. Naquela época era muito difícil você ver alguém com uma bola oficial nova, era um artigo de luxo. Normalmente, nos nossos "rachas" jogávamos com bolas de plástico reforçado ou de borracha. Bola oficial de "capotão", só quando alguém aparecia com uma velha doada por algum time amador. Aí, era a festa da molecada!

Eu treinava com meu pai no quintal da minha casa, passávamos várias horas chutando aquela câmara de bola de capotão velha de um lado para o outro. Com o passar do tempo, para você ter uma ideia, ela foi ficando oval, parecia mais um ovo de páscoa. Por mais que pedisse uma bola de presente para o meu pai, ele desviava o assunto e, não restando outra opção, continuávamos jogando com o nosso "ovo de páscoa". O tempo foi passando, até que um dia meu cachorro, o Totó, um vira-lata mestiço de pequinês com pinscher, resolveu morder o "ovo de páscoa" e lá se foi a nossa diversão doméstica.

O fato é que, com esses treinos com meu pai no quintal de minha casa, fui melhorando o meu jogo de futebol. É a máxima do ato de treinar, treinar e treinar. "Quanto mais eu treino, mais sorte eu tenho", essa frase é de Arnold Palmer, um dos maiores jogadores de golfe de todos os tempos e faz todo o sentido, pois quanto mais se treina, mais habilidade se adquire.

Até os craques treinam mais, quem já não ouviu dizer que o rei Pelé ficava treinando sozinho após o treinamento da sua equipe. Enquanto os outros jogadores já estavam tomando banho ou prontos para irem para suas casas, ele ainda estava lá no campo batendo bola, correndo de um lado para o outro. E chegava antes de todos os outros jogadores para os treinos coletivos. E por qual motivo fazia isso, se já era tão bom? Porque amava o futebol, a vida dele era o futebol e sabia da importância do ato de treinar.

Voltando para minha história, a partir dos meus treinos solitários e com meu pai, eu fui adquirindo uma habilidade em jogar futebol e comecei a destacar-me nas partidas dos finais de semana. O tempo foi passando, eu fui treinando cada vez mais e, de uma hora para a outra, passei a ser escalado nas primeiras posições.

A partir daí peguei gosto pelo "rachão" dos finais de semana. Montamos um timinho da nossa vila e, naquela altura do campeonato, eu até já fazia parte como titular da equipe, já estava completamente enturmado.

Estava chegando o Natal e minha querida avó Ana, mãe do meu pai, que havia ido nos visitar, durante o almoço me perguntou o que eu queria ganhar de presente…

…e eu não tive nenhuma dúvida!

Sob os protestos da minha mãe e do meu pai, pedi com um sorriso de um lado ao outro no meu rosto: "Uma bola oficial de capotão!".

Não me lembro ao certo quantos dias faltavam para o Natal.

Eu só sei que isso demorou, demorou e demorou para acontecer. A espera foi insuportável.

Os dias não passavam, pareciam anos e anos de interminável espera, mas enfim, no dia 24 de dezembro, devido a minha alta ansiedade e tamanha falta de paciência, minha avó entregou um embrulho com um formato redondo.

Eu lembro até hoje daquele embrulho de papel branco com sinos dourados. Rasguei o embrulho e, em minhas mãos estava a tão esperada bola oficial de capotão, fiquei olhando aquela bola branca com gomos de couro, estava completamente hipnotizado, pois era o melhor presente de Natal que eu havia ganhado em toda a minha vida, o melhor presente de todos os natais.

A notícia se espalhou pelo bairro: "Olha só! O Edson ganhou uma bola nova!"

Foi marcado um "rachão" especial no domingo para estrear a minha bola e até meu pai foi convidado para comparecer.

O jogo seria no "buracão da Vila São Jorge", que era um local que ficava, literalmente, dentro de um enorme buraco causado pelas erosões de chuvas. Incrível como lembro desse local com riqueza de detalhes.

Nem preciso dizer que era um campo de terra vermelha batida com traves improvisadas de madeira. Naquele domingo, fui trajado a rigor, não sei de onde surgiram uma camiseta, um calção e um par de meias, todos brancos, confesso que era ridículo.

Lembro também do "kichute" novo que ganhei dos meus pais. Para quem não sabe, o "kichute" era uma espécie de tênis de lona preta com formato de chuteira, muito popular na década de 70. Era uma espécie de "chuteira de pano", entende?

Lá fui eu segurando todo orgulhoso minha bola de capotão novinha em folha com aquela molecada correndo e pulando atrás de mim. Foi realmente uma festa, um dos dias mais inesquecíveis de toda minha vida. Naquele dia, eu era o "dono da bola", a figura mais importante da festa.

Fui eu que coordenei a escolha dos times, nem preciso dizer que eu já estava "escolhido", não é mesmo?

Naquele dia também aconteceu algo mágico. Era início de janeiro e estava um calor insuportável, aquele calor de "rachar coco".

De repente, no meio da partida, começou a despencar uma chuva tropical, a famosa "chuva com sol". A molecada começou a pular na chuva e o campo de terra vermelha virou um lamaçal.

Todo mundo derrapava na água e eu com aquela roupa inteiramente branca, parecendo um jogador do Santos, só pensava no que minha mãe iria dizer quando chegasse em casa.

Mas aquela cena da molecada se divertindo era irresistível e eu acabei entrando "na onda", ou melhor dizendo, na lama. Havia sido uma espécie de "batizado" para minha bola, meu "kichute" e aquele ridículo uniforme branco. Era como estourar um champanhe em um casco de navio na sua viagem inaugural.

Naquele dia, após a partida, quando cheguei em casa, minha mãe já estava esperando toda preocupada, até achei que ia levar uma bronca, mas não aconteceu.

Ela apenas pediu para que tirasse a roupa e fosse direto para o banho, lembro-me que ela estava assando um frango no forno e preparando o molho para uma deliciosa macarronada. Depois almoçamos em família e eu contei entusiasmado como havia sido esse jogo histórico.

Ainda hoje eu recordo com muita emoção desse dia, porque ficou tudo registrado na minha memória como um filme em câmera lenta. É uma sensação gostosa de se lembrar...

... a chuva caindo, as derrapadas e deslizes na lama do campo, as risadas, as brincadeiras, o almoço com meus pais...

... e eu fui o "dono da bola"!

Nos dias ensolarados que são interrompidos por uma chuva repentina, vem-me a lembrança imediata de jogar fubebol com meus amigos, na lama e sem medo de ser feliz.

Melancolicamente sinto um nó na garganta, um aperto no peito, é a saudade da minha infância.

Curiosidades do futebol

Edson Arantes do Nascimento, o rei Pelé, o maior "dono da bola" de todos os tempos iniciou sua carreira profissional na equipe do Santos com apenas 16 anos de idade.

Aos 17 anos venceu sua primeira Copa do Mundo em 1958 e seria campeão por mais 2 vezes em sua carreira, em 1962 e 1970.

Pelé em toda sua carreira marcou 1281 gols em 1365 jogos (uma média de 0,93 gol por partida).

Ele recebeu o título de "Atleta do século 20" em todas as modalidades de esporte.

12

Arquétipos negativos dos jogadores: conheça esses rivais

No mundo do futebol, existem algumas expressões que definem de maneira divertida e criativa o estilo de comportamento de alguns jogadores. Se um jogador reclama muito, dizemos que ele é um "chorão".

Existe uma frase famosa de Oscar Wilde que diz:

"A vida imita a arte, muito mais do que a arte imita a vida".

Peço licença ao Sr. Wilde para adaptar uma pequena mudança muito apropriada para esse momento, ficando assim: "A vida imita o futebol, muito mais do que o futebol imita a vida".

Desse modo, apresento a você 6 arquétipos de aspectos negativos de jogadores que são:
1. O "chorão"
2. O "arranca toco"
3. O "pipoqueiro"
4. O "pé torto"
5. O "pé murcho"
6. O "salto alto"

Peço para que analise se conhece alguém com essas características, pode até ser que você se identifique com algum desses comportamentos negativos.

O importante é ter senso crítico e procurar melhorar sempre. Afinal, que tipo de jogador você é?

Primeiro arquétipo:
"Chorão"

É o tipo de jogador que vive resmungando, só reclama da vida. Para ele as coisas estão sempre ruins, é um pessimista. Está sempre jogando sua incompetência para cima dos outros.

Ele adora dar um tapinha e sair correndo, pois provoca as situações, mas não sustenta sua posição.

É o primeiro a falar mal de alguém pelas costas e o primeiro a negar que falou, caso seja pressionado. Gosta de chamar a atenção para si, é o típico "coitadinho de mim". Vive reclamando com o juiz, mesmo sem ter motivos e, por isso, é o primeiro que toma cartão amarelo.

Está sempre "pendurado", acumula advertências e acaba sendo expulso. Também adora uma "panelinha": fazer fofocas e falar mal dos outros é a sua maior especialidade. É um sabotador que adora fazer intrigas no grupo. Gosta de tirar um sarro, mas não gosta que os outros brinquem com ele. Como sabe manipular as situações, é um verdadeiro chantagista emocional.

Segundo arquétipo:

"Arranca toco"

O "arranca toco" é pura força bruta, é aquele jogador do tipo "pau para toda obra", ele é direto, objetivo e não perde tempo com detalhes. O negócio dele é arrebentar! Esse jogador é um verdadeiro rolo compressor que passa por cima de todo mundo, ele gosta é de dominar a situação, se estiver na sua frente, tome cuidado, pois irá mirar direto na sua canela, mas vai errar e irá direto para o seu pescoço.

Conquista tudo na vida na base da força bruta, porque não tem habilidade. Conversar com ele? Nem pensar! Não sabe ouvir e muito menos dialogar, o negócio dele é massacrar, passar por cima, "arrastar o tapete", entende?

Gosta de intimidar os outros, é daquele tipo que fica encarando e até provoca sua reação. Na hora da briga é o "valentão" e é até capaz de pagar para entrar em uma discussão. Se você bobear na frente dele é "carrinho" na certa, pode chamar a maca. E ele vai levantar a grama com as cravas da chuteira, além de deixar sua canela também marcada. Esse jogador, na maioria das vezes nem é advertido: Já toma direto um cartão vermelho! Não perca tempo em dar explicações a ele porque o "arranca toco" não tem paciência nenhuma, só pensa nele.

Terceiro arquétipo:

"Pipoqueiro"

Já conheceu alguém que na hora em que mais precisa, simplesmente desaparece? Esse é o "pipoqueiro".

Ele é um "interesseiro", porque só irá fazer algo quando tiver interesse. Você pode convidá-lo para tomar um chopinho que sempre estará disposto, churrasquinho então, ele se convida sozinho, mas não conte com ele na hora de "rachar" as despesas.

É o "rei da rodinha", muito bate-papo, sorridente, bem-humorado, cheio de piadinhas fáceis, sempre com segundas intenções. Contudo, basta pedir para ele ajudar que some, a não ser que prometa algo em troca. É "liso como peixe", sempre tem uma desculpa fajuta e é "cara de pau" para desconversar.

É "braço curto", não se esforça para nada, gosta de "ficar na boa", de curtir a vida. Na hora da decisão, ele tira o pé da jogada e deixa o outro time fazer gol, às vezes marca até gol contra. Não se dedica ao grupo, pensa somente no seu umbigo.

E pode ter certeza: na hora que mais precisar dele, ele irá furar com você. Será que vale a pena deixar esse jogador cobrar um pênalti na final do campeonato?

Quarto arquétipo:

"Pé torto"

Esse jogador vive errando os passes. Só comete erros no campeonato da vida. O pior é que ele não aprende, pois persiste no erro e insiste no fracasso. Você pode tocar a bola "redondinha", entregar a jogada de "mão beijada" ou deixar o gol "escancarado" que ele chuta fora.

Evite fazer negócios com um "pé torto", ele arrisca tudo o que tem e sempre acaba "pisando na bola", pois faz quase tudo pela metade e não termina nada que começa.

Horário então, não é com ele, está sempre atrasado e com pressa. Faz tudo rápido e nada bem feito. Ele não cuida das suas coisas e sempre acaba perdendo as próprias chuteiras. O pior de tudo isso é que o "pé torto" não admite que está errado e vive se justificando e ainda fica extremamente irritado se você falar que ele errou. É totalmente desajeitado, é o verdadeiro azarado. Nada dá certo, porque acaba se afastando das pessoas e das oportunidades.

Ou melhor, são as pessoas e as oportunidades que se afastam dele, não é mesmo?

Quinto arquétipo:

"Pé murcho"

Esse jogador não tem energia, não tem força, está sempre desanimado e com "cara de travesseiro". Vive reclamando e resmungando pelos cantos, mas não incomoda ninguém, pois está quase sempre dormindo. Como não sabe dizer não para ninguém, vive infeliz. Se acha a maior vítima do mundo, pois pensa que o mundo é injusto com ele. É do tipo "caladão", que não tem voz para nada e dificilmente emite uma opinião.

Por isso, é um ótimo ouvinte, mas não tem qualidade para se expressar, é totalmente passivo e vive esperando pelas oportunidades que quase nunca aparecem.

Não atrapalha, mas também não ajuda, é uma verdadeira "múmia ambulante" que vive das migalhas dos outros. Costuma "amarelar" nas decisões importantes, porque prefere não participar. Evita conflitos e está sempre sendo explorado pelos outros jogadores. Não tem atitude, fica sempre em posição de espera. É facilmente dominado: todo mundo rouba a bola dele com muita facilidade e ele nem reage. Se houver um conflito, será o primeiro a fugir, pois é muito inseguro. O "pé murcho" está sempre olhando para você com aquela cara de piedade, implorando alguma atenção, pois é totalmente carente.

Sexto arquétipo:

"Salto alto"

Ele se acha o "rei do pedaço", muito vaidoso e um exímio contador de vantagens, o jogador "salto alto" só tem tamanho e sem-vergonhice. É, literalmente, a "última bolacha do pacote".

Chega falando alto, chamando a atenção de todos e fica magoado quando as pessoas não o reconhecem e não valorizam suas ideias.

Quando tem uma oportunidade se apropria dela e não deixa ninguém falar, é um exibido, só as ideias dele valem e é um péssimo ouvinte.

Tudo o que ele é, tem ou faz é melhor do que os outros.

Ele sempre tenta tirar vantagem nos assuntos e não divide as jogadas com ninguém. É um charlatão que engana todo mundo, diz que é formado mas não é, diz que tem currículo mas não tem. Ele é um arrogante e não valoriza os outros.

Gosta de aparecer e dominar as situações, porém na hora de mostrar serviço, acaba mostrando quem realmente é e daí decepciona a todos, pois só tem pose.

13

Assertividade: a melhor forma de vencer o jogo

É muito comum no nosso dia a dia encontrarmos esses tipos de jogadores manipuladores como o "chorão", o "arranca toco", o "pipoqueiro", o "pé torto", o "pé murcho" e o "salto alto" que têm facilidade de chantagear e provocar reações negativas nos ambientes pessoais e profissionais.

São jogadores que se utilizam de "chantagens emocionais", sendo especialistas na arte de deixar os outros com um sentimento de culpa e em situação desconfortável.

Normalmente, os manipuladores ou "chantagistas emocionais" utilizam de críticas destrutivas e frases negativas recheadas da palavra "não".

"Quando me convidou para tomar um chopinho com você... Eu fui! Agora não vai quebrar o meu galho? Você não tem jeito. Quantas vezes já disse para não agir assim comigo. Você não é legal comigo! Assim não tem jeito, não vai fazer isso para mim? Quantas vezes ajudei você, não foi?"

Fazendo um papel de vítima frágil, o jogador manipulador quase sempre conquista seus objetivos. Ele escolhe o momento certo, quando estamos despreparados e em ambientes desfavoráveis.

E como podemos vencer o jogo dessa manipulação?

A resposta é: utilizando os princípios da assertividade.

Ser um jogador assertivo é saber expor suas opiniões com sinceridade, sem nenhuma passividade ou agressão, respeitando profundamente seus sentimentos, sem constrangimentos.

É importante entender que saber transmitir sua opinião não significa abafar a opinião do outro.

Existem técnicas para ter mais assertividade e agir de forma equilibrada nas situações de manipulação ou agressividade. O bom jogador precisa ser confiante e assertivo.

Um dos recursos básicos para exercitar assertividade

é a TÉCNICA DA NEBLINA. Imagine-se diante de uma densa neblina. A primeira impressão chega a ser assustadora. Parecemos estar diante de uma parede branca e intransponível. Felizmente, é só a aparência que assusta, pois quando atravessamos a neblina percebemos que ela não nos oferece a mínima resistência. Ou seja, a neblina não se opõe à nossa passagem, simplesmente se deixa atravessar.

Desse modo age o bom jogador, o jogador assertivo. Ele sabe que, ao receber uma crítica ou perceber que está sendo manipulado, o melhor a fazer é simplesmente não resistir, pois uma reação contrária levará ao bate-boca desnecessário, deixando as emoções à flor da pele.

O objetivo é não negar a crítica, não se defender, nem tampouco querer se justificar. Também é compreender a crítica e isso não significa concordar ou aceitá-la. Para ilustrar, vamos voltar àquelas frases negativas exemplificadas anteriormente e agora aplicaremos respostas assertivas utilizando a técnica da neblina.

O manipulador diz "Quando você me convidou para tomar um chopinho com você... Eu fui! Agora você não vai quebrar o meu galho?" e o jogador assertivo diz "Talvez eu pudesse quebrar o seu galho e com certeza merece isso. Será em uma outra oportunidade".

O manipulador diz "Você não tem jeito. Quantas vezes eu já disse para não agir assim. Você não é legal comigo!" e o jogador assertivo diz "Respeito sua opinião, compreendo seu ponto de vista sobre o assunto e prometo pensar nas suas palavras".

O manipulador diz "Assim não tem jeito, você não vai fazer isso para mim? Quantas vezes já te ajudei, não foi?" e o jogador assertivo diz "Talvez tenha razão e merece meu reconhecimento, porém, agora estou impossibilitado. Posso fazer isso amanhã pela manhã, tudo bem?"

Como está agindo com a TÉCNICA DA NEBLINA, a maneira como responde não deixa vestígios, você mostra que respeita e considera a opinião do outro, mas sem concordar ou aceitar.

Outra técnica para exercitar a assertividade é a técnica do disco riscado e é um recurso muito interessante, pois simplesmente visa repetir as frases utilizadas inicialmente pelo manipulador, não discordando e em seguida colocar seu ponto de vista sobre o assunto.

O objetivo é fazer, através do exercício da repetição, uma reafirmação do que você deseja obter como resultado final, com muita tolerância e paciência.

Vamos usar a mesma frase negativa para ilustrar uma resposta assertiva utilizando a TÉCNICA DO DISCO RISCADO. O manipulador diz "Você não tem jeito. Quantas vezes eu já disse para você não agir assim. Você não é legal comigo!" e o jogador assertivo diz "Eu não tenho jeito mesmo, você sempre fala para eu não agir assim. Espero que compreenda, esse é o jeito de expressar minhas opiniões".

Ou seja, na primeira frase você simplesmente reafirma tudo, repetindo o que foi dito pelo manipulador, depois complementa com seu posicionamento. Vá repetindo isso quantas vezes forem necessárias, ao fazer isso não está discordando da opinião do outro e consegue colocar a sua posição sem passividade ou agressão.

Deseja sair daquela situação onde um vendedor pegajoso não desgruda, oferecendo um produto que não precisa? É só afirmar que existe uma possibilidade futura e que reconhece o valor do produto, mas que não tem interesse no momento, repetindo sua opinião. O objetivo é vencer pela desistência do outro. Utilize algo do tipo "Você tem toda a razão, esse produto é muito bom e oportunamente irei entrar em contato".

Na primeira parte da frase foi utilizada a técnica da neblina, que acata a informação do vendedor, reconhecendo o valor do produto. Na segunda parte da frase que diz "no momento oportuno eu irei entrar em contato com você", você pode utilizar a técnica do disco riscado sempre que necessário, pois com certeza o vendedor continuará tentando impor a venda.

O essencial é que você mantenha sua opinião, sem desistir. É importante colocar também seu "toque pessoal", que é a sua marca, seu estilo de ser, para que os manipuladores e agressivos se sintam intimidados com seu posicionamento direto e franco, fazendo com que pensem duas vezes antes de incomodá-lo.

Novamente no exemplo da frase negativa "Você não tem jeito. Quantas vezes eu já disse para você não agir assim. Você não é legal comigo!", poderá agora usar a TÉCNICA DO TOQUE PESSOAL ao dizer algo do tipo "Eu não tenho jeito mesmo, você sempre fala para eu não agir assim. Esse é o jeito de expressar minhas opiniões. Defendo o que acredito".

A parte final da frase "eu defendo aquilo que eu acredito" foi acrescentada para ilustrar o toque pessoal ou sua informação pessoal. É uma maneira de complementar seu posicionamento, mostrando aquilo que você realmente pensa sobre o assunto. Na realidade, apenas defende aquilo que acredita ser o melhor para si, não é?

Também pode utilizar uma pergunta negativa no final da frase para se posicionar diante do manipulador, ficando dessa maneira "Eu não tenho jeito mesmo, você sempre fala para eu não agir assim. Esse é o jeito de expressar minhas opiniões. Defendo aquilo que acredito e como poderia esperar outra atitude minha?"

Quando você se expressa assim, rebate de modo direto a colocação do outro que diz que você "não é legal", fazendo ele se questionar sobre o motivo de ter falado aquilo. É quase como se você dissesse para ele: "Para mim, o que importa é defender aquilo que eu acredito. Não espere outra atitude minha!" rebatendo o rótulo de "você não é legal", sem causar danos na comunicação.

Outra forma de se posicionar seria utilizar uma afirmação negativa logo no início e depois no final da frase, ficando assim "Eu posso até parecer que não sou legal, não é? Apenas gosto de defender aquilo que eu acredito. Existem muitas pessoas que defendem suas convicções, não é?"

A TÉCNICA DA AFIRMAÇÃO NEGATIVA é muito parecida com o recurso da pergunta negativa, porém a afirmação negativa é mais sutil, mais leve. Não é tão direta e incisiva quanto uma pergunta negativa. Uma técnica que gosto de utilizar é um mix dos recursos apresentados anteriormente, ao qual intitulei neste livro de "técnica dos 3 toques de classe".

14

Os 3 toques de classe

É uma técnica de assertividade que une as técnicas da NEBLINA, TOQUE PESSOAL e AFIRMAÇÃO NEGATIVA, muito utilizada para construções de frases assertivas. Exemplificarei uma situação comum hoje: o cliente passa um projeto com prazo curtíssimo ao fornecedor, exigindo "atendimento vip e qualidade total" na entrega do serviço. Contudo, o cliente não passa as informações necessárias para a execução do projeto contratado e ainda por cima não poderá acompanhar o processo, delegando toda a supervisão ao seu "braço direito", um funcionário de sua confiança, pois sairá para uma merecida viagem de férias.

Quando volta da viagem e recebe o serviço do fornecedor pelas mãos do seu funcionário "braço direito", constata que o resultado não ficou do seu agrado. De forma intolerante e agressiva, liga direta e imediatamente ao fornecedor, descarregando seu descontentamento com a seguinte frase:

"Mas que m**** de serviço prestado, hein? Você poderia ter me dado mais atenção, afinal sou seu melhor cliente, não é mesmo?".

Utilizando-se da técnica dos três toques de classe, o fornecedor poderá responder dessa maneira: "Você tem toda a razão e, com certeza, merece toda minha atenção pois é o meu melhor cliente (neblina). Na minha avaliação, fizemos o melhor possível pelo tempo que tivemos e tudo foi supervisionado diretamente pelo seu funcionário de confiança que aprovou a entrega. Na minha opinião, se tivéssemos mais tempo para executar o serviço, com as devidas informações e com a sua supervisão direta, o resultado teria sido excelente, como sempre prezamos (toque pessoal). Não é mesmo? (afirmação negativa)".

Será que algum cliente rebaterá um argumento dessa

categoria? O segredo é manter a postura, a serenidade e, principalmente, a autoconfiança. É entender que para ser posicionado não há necessidade de agressividade, sendo um jogador assertivo. Se você praticar essas técnicas perceberá que não precisará impor seu posicionamento, apenas se posicionar construtivamente.

A assertividade é o comportamento que torna qualquer jogador do jogo da vida capaz de agir em função dos seus próprios interesses, se auto afirmando sem ansiedades indevidas, expressando com sinceridade seus sentimentos sem nenhum constrangimento e, principalmente, exercitando seus direitos sem negar os alheios.

15

O "craque"

O "craque" ou o "fera" no futebol é aquele tipo de jogador que todo torcedor admira. Tem conhecimento, habilidade e atitude, a essência da COMPETÊNCIA de um líder nato.

Todos nós podemos romper a barreira da mesmice.

Nós podemos acreditar que somos capazes de superar nossos limites, que temos a capacidade de aperfeiçoar nossas habilidades e termos atitudes positivas diante das adversidades no campeonato da vida.

Toda escolha é uma renúncia, e quando escolhemos LIDERAR, renunciamos a mesmice.

Ser líder é ter o controle de suas emoções, é perceber o outro, é ser um jogador assertivo no campeonato da vida.

Ser líder, assim como o jogador "craque", é saber enfrentar os desafios tendo consciência de seus limites e, ao mesmo tempo, rompê-los com determinação e coragem, pois liderar é, acima de tudo, o ato de equilibrar atitude com autoridade. É servir por meio do exemplo e da humildade, liderando a si mesmo para depois liderar os outros.

O bom jogador é aquele que "dá o sangue" na partida e que "molha a camisa" pelo clube, é aquele gera RESULTADOS POSITIVOS para sua equipe e para sua torcida. Seja um "fera" no campeonato da vida.

16

Qual é a sua seleção?

Agora que já sabe o que é ser um jogador "fera" no campeonato da vida, pedirei para fazer outro exercício mental. Coloque-se em uma posição confortável, que pode ser sentado ou deitado.

Procure ficar bem relaxado, descruze as pernas e os braços e observe por um tempo como está a sua respiração natural. Vá relaxando totalmente o corpo. Uma maneira de fazer isso, de forma consciente, é iniciar pelos dedos dos pés. Relaxe cada um deles e, depois, vá subindo pelas pernas, pelo tronco, braços, até atingir o topo de sua cabeça.

Relaxe, inclusive, os músculos do rosto, lábios, olhos, relaxe seu pescoço, até chegar no seu couro cabeludo. Quando se sentir relaxado, inspire profunda e lentamente o ar pelas narinas, de modo consciente. Sinta o ar invadir seus pulmões e, tranquilamente, procure segurá-lo por alguns segundos na região entre o seu peito e a sua garganta. Faça isso de uma maneira consciente e procure segurar o ar nessa região pelo tempo que lhe for confortável.

Antes de soltá-lo, com seu polegar direito, bloqueie sua narina direita e, lentamente, vá soltando o ar somente pela sua narina esquerda. Feito isso, novamente inspire profunda e lentamente pelas duas narinas.

Segure o ar na região entre o peito e a garganta e, dessa vez, inverta o processo. Com seu polegar esquerdo, bloqueie sua narina esquerda e solte o ar lentamente pela narina direita. Repita esse exercício pelo menos por 10 vezes seguidas.

Vá repetindo as respirações de um modo consciente e pausado, sem pressa, pode ser com os olhos abertos ou fechados, se quiser coloque uma música bem tranquila para auxiliar no relaxamento. Faça isso e depois retome a leitura.

Terminou o exercício?

O que você fez é um exercício para equilibrar seu lado

racional com o emocional, portanto, todas as vezes que você se sentir com estresse ou agitação, faça esse exercício. Ele irá auxiliá-lo a relaxar e revigorar as forças mentais, deixando sua mente mais limpa e harmonizada.

Com o tempo, vá introduzindo mentalmente algumas imagens ou mensagens positivas como "eu posso, eu sou capaz, eu mereço" juntamente com o exercício. Enquanto estiver respirando com os olhos fechados, vá mentalizando uma luz branca e intensa que, aos poucos, preenche todo o escuro.

Junto com essa luz, mentalmente vá introduzindo pensamentos positivos como "eu me amo e me aceito como sou" ou "eu sou capaz, tudo o que preciso está dentro de mim".

Crie seu próprio comando mental.

O importante é que você faça isso com muita convicção e de modo consciente e pausado, sem pressa. Agora que você já harmonizou e equilibrou seu lado racional com o emocional, vamos montar uma seleção de futebol especial, uma equipe formada apenas por jogadores que você julga serem "craques" no campeonato da vida.

Identifique qual é a sua seleção. Procure escolher 11 pessoas que você admira muito. Podem ser pessoas próximas de você, como seus familiares, amigos, ou até colegas do seu local de trabalho. E também podem ser pessoas que admira como jogadores famosos de futebol, artistas, escritores, empresários, enfim, quem considere como um jogador "craque" em qualquer área de atuação. Monte sua seleção, seu "dream team", o time que acredita ser sua referência de sucesso. A partir de agora, com esse time montado, memorize cada rosto e olhe diretamente nos olhos desses vencedores, desses campeões da vida. Eles estão convidando você para fazer parte desse time? Então, junte-se a eles e prepare-se para marcar o gol da vitória!

17

O banco de reservas

Qual jogador gosta de ficar no banco de reservas? Existem jogadores que disputam as partidas mais importantes no campeonato da vida, enquanto outros ficam no banco de reservas, reclamando: "É ruim ficar aqui, mas eu vou ficar esperando sentado assim mesmo".

Para você refletir:
Por que algumas pessoas conseguem ser vitoriosas no campeonato da vida?
Como obter o sucesso pessoal e profissional?
Qual é o segredo do sucesso?

O segredo do sucesso já foi amplamente dissertado em inúmeros livros e eu cheguei a seguinte conclusão: O sucesso está intimamente ligado com a nossa percepção de felicidade.

Eu poderia ficar escrevendo horas e horas sobre esse assunto, pois existem inúmeras citações sobre o tema. Farei uma pergunta e pedirei para você refletir por alguns minutos antes de prosseguir com a leitura. A pergunta é essa: Você é feliz?

Já pensou sobre sua felicidade ou o que é ser feliz?

Então, farei você pensar um pouco mais no assunto, vou ensiná-lo a aprender pensando. Reflita sobre isso também:

Todas as pessoas que têm sucesso na vida são felizes?

Aquele jogador que tem mansão, "carrão" importado, perante a sociedade capitalista, pode até ser um homem bem-sucedido no campeonato da vida, não é? Mas pode ser que ele não seja completamente feliz quando se apega ao que é ilusório ou material, pois tudo na nossa vida é um empréstimo divino, não nos pertence. Felicidade é um estado de espírito, isto é, que está dentro de nós. FELICIDADE NÃO É TER, FELICIDADE É SER.

Cito aqui uma frase famosa de Dale Carnegie, autor do livro "Como Fazer Amigos e Influenciar Pessoas": "Sucesso é conquistar aquilo que quer. Felicidade é querer aquilo que conquista". Se almeja conquistar algo por pura ambição, infalivelmente terá sucesso, mas poderá não ser feliz, pois sempre vai querer mais e mais.

Você precisa entender que apenas conquistar por conquistar não fará com que você seja feliz, pois o ser humano é o único animal na face da terra que é egoísta, vaidoso e ambicioso. Você vai querer TER sempre mais, não se contentará em sobreviver ou obter o necessário para a sobrevivência. Essa é a essência do EGOÍSMO. Egoísmo é quando só pensa em si mesmo. Para ser feliz você precisa transformar o egoísmo em ALTRUÍSMO, que é exatamente o contrário. Altruísmo é "colocar-se à disposição dos outros", é "estar disposto", aberto para se dedicar aos outros, ajudando incondicionalmente.

Quando auxiliamos também somos ajudados, essa é a lei universal da reciprocidade. Lembra-se do trecho da oração de São Francisco, que diz: "É dando que se recebe"?

Se você deseja conquistar um troféu, deve acreditar e fazer por merecer, mas deve, acima de tudo, ser um altruísta, que pensa e ajuda os outros jogadores. Em primeiro lugar, elimine do seu pensamento qualquer reflexo de egoísmo, vaidade ou ambição antes de sair em busca do seu sonho, do troféu maior.

O seu sonho deve ser bom não apenas para você, mas também para as pessoas que cercam sua vida. Trabalhe para conquistar esse troféu sem passar por cima dos outros que estão no seu caminho. Ao contrário, faça com que os outros participem desse processo, envolvendo o maior número de pessoas. Crie torcedores fiéis que o ajudarão nas situações difíceis durante o campeonato da vida. Vá ajudando mais e mais pessoas, transformando-as também em seus torcedores, multiplicando seus relacionamentos.

Durante o campeonato da vida você irá aprender e ensinar, irá dividir experiências, será mestre e aprendiz, treinador e jogador. Respeite o tempo dos outros, não tente colocar o seu sonho acima da realidade. Tudo tem um tempo certo para acontecer.

Ninguém vence um campeonato no meio do campeonato! Respeite seu sonho, respeite o sonho os outros, faça por merecer e quando conquistar o troféu do campeonato, você e toda a sua torcida serão felizes! 7

Guarde essas sábias palavras do Dalai Lama:

"Determinação, coragem e autoconfiança são fatores decisivos para o sucesso. Se estamos possuídos por uma inabalável determinação conseguiremos superá-los. Independentemente das circunstâncias, devemos ser sempre humildes, recatados e despidos de orgulho."

18

O gandula

O gandula, no futebol, é aquele que devolve as bolas para os jogadores quando elas saem das quatro marcas que delimitam o campo. Essa expressão "gandula" vem de um jogador do Vasco da Gama, clube do Rio de Janeiro.

Era um atacante argentino chamado Bernardo Gandulla, que havia sido contratado no ano de 1939. Como o jogador não se adaptava ao time, acabou ficando "encostado" no banco de reservas.

Para não se sentir inútil, todas as vezes que a bola da partida saía do campo, ele se levantava do banco de reservas e corria para pegá-la, entregando aos jogadores. Ele acabou se tornando uma figura simpática junto à torcida vascaína, porém nunca foi um titular do time. Quando se desligou do time, seu sobrenome acabou sendo utilizado para designar os atuais gandulas.

A função de um gandula é importante, pois auxilia os jogadores na hora da reposição de bola. O gandula não participa da partida, ou seja, não pode jogar e muito menos torcer, mas precisa fazer um bom trabalho para que o jogo possa prosseguir.

É uma figura carismática no futebol, porém como nos arquétipos negativos dos jogadores, temos aqui também a figura negative do "gandula que faz cera" que, ao invés de ajudar, acaba atrapalhando a partida, segurando a bola propositadamente e, por isso, sempre é advertido.

Existem algumas pessoas que também acabam atrapalhando o jogo da vida, ficam "fazendo cera" e ainda por cima não se interessam por nada, apenas fazem o que os outros mandam:

"Ah! Mandaram fazer isso e eu estou fazendo!"

É tudo muito robótico, monótono como aquele filme "Tempos Modernos" do Charles Chaplin, no qual o personagem Carlitos, literalmente, é engolido pelos mecanismos e engrenagens de uma indústria, após trabalhar o dia todo apertando parafusos em uma linha de montagem.

São pessoas que acabam, por algum motivo, se acomodando com assuas funções, e que normalmente não investem na sua carreira.

Elas vão simplesmente vivendo e deixando o tempo passar até o campeonato da vida terminar. Preferem continuar na mesmice.

Você está "fazendo cera" no campeonato da vida?

19

Cartão amarelo ou vermelho?

Existem jogadores que não têm técnica para disputar o campeonato da vida. Lembra-se do jogador "arranca toco"? Aquele jogador que arrebenta suas canelas quando você está fazendo uma jogada brilhante? No campeonato da vida é assim: tem muito jogador querendo te arrebentar, basta bobear na frente dele e pronto. Ele vai passar uma rasteira em você. São pessoas com o menor respeito pelo ser humano.

Você está entrando de carrinho na jogada dos outros?

Faça uma reflexão e reveja sua vida, pois não há necessidade de deixarmos uma marca negativa no campeonato da vida. Existem boas oportunidades para todos os jogadores no campeonato da vida, porém todos devem jogar a sua partida com muita lealdade e respeito, conquistando seu espaço no campo sem prejudicar a jogada dos outros. Lembre-se: o bom jogador é aquele que respeita os seus adversários e segue as regras do campeonato da vida. Mas se você não seguir as regras do futebol, prepare-se para receber um cartão amarelo ou vermelho...

Recebendo o cartão amarelo

Se você não seguir as regras do campeonato da vida, será advertido com um cartão amarelo. O cartão amarelo teve sua origem na Copa do Mundo de 1970, no México, devido aos problemas de comunicação entre o árbitro e os jogadores "chorões" daquela época. Será que você pensou que os "chorões" são uma exclusividade da nossa época? Enganou-se...

Os "chorões" existem desde os primórdios dos tempos! O primeiro jogador a receber um cartão amarelo na Copa de 70 foi Lee, da seleção da Inglaterra... Eu não gostaria de ser famoso por isso, e você?

Recebendo o cartão vermelho

Quando você não cumpre com as regras do jogo no campeonato da vida, é advertido com o cartão amarelo. Depois, se continuar persistindo nos erros, transgredindo as normas, fatalmente receberá um cartão vermelho.

Quando recebe um cartão vermelho no campeonato da vida, fica sem jogar, sem participar das melhores partidas e um outro jogador poderá, inclusive, ocupar o seu lugar nos momentos mais decisivos.

Para você refletir:

Quantas vezes já recebeu um cartão vermelho no jogo da vida?

O que você aprendeu com isso?

O que você pode fazer para evitar o cartão vermelho?

20

Feedback: avaliando acertos e erros

No campeonato da vida, muitas vezes somos advertidos ou recebemos um "feedback" de alguém. No meio corporativo é comum ouvirmos o termo feedback. Normalmente, o feedback é uma conversa entre líder e liderado, que visa uma avaliação, uma análise sobre erros e acertos, pontos fortes e fracos do subordinado. A palavra feedback tem origem inglesa e não possui uma tradução fidedigna ao português, algumas fontes de pesquisa indicam que em português teríamos algo parecido com "retroalimentação" ou "realimentação", mas eu a interpreto como se fosse um retorno da ação, por meio da comunicação.

Como especialista em comunicação, costumo dizer que, no processo da comunicação, feedback é o retorno de um sinal emitido pelo emissor ao receptor. É como se fosse o resultado da comunicação. Imagine que está em uma ilha deserta e precisa emitir um pedido de socorro. Você faz uma fogueira que será a emissão do seu sinal.

Se um avião estiver passando e avistar a fogueira, recebeu seu sinal, ou seja, ele é o receptor.

Porém, o seu feedback só acontecerá se ele realmente entender o que significa sua fogueira e vier ao seu encontro para salvá-lo.

O que acontece, na maioria das vezes, é que sua comunicação não atinge o resultado esperado e você não tem feedback, não tem "retorno" da sua comunicação.

Feedback consiste em prover uma informação ao subordinado sobre seu desempenho profissional com o objetivo de ajustar alguns comportamentos negativos, estimular ações positivas, orientar novos procedimentos, enfim, dar um parecer ao liderado sobre o seu dia a dia na empresa.

Pelo feedback, um liderado obtém uma maior percepção das suas competências, pois adquire informações sobre como seu trabalho está sendo desenvolvido, quais são os pontos que precisa melhorar e quais estão satisfatórios e como ele é visto pelo líder. É muito importante que um líder saiba como passar um feedback a um liderado. Entenda que feedback não é um desabafo.

Definitivamente, não é a ocasião oportuna para expressar seus descontentamentos ou insatisfações pessoais, um líder deve manter-se equilibrado e saber expressar criticamente seu ponto de vista, sempre pelo lado profissional.

Se você pensa que dar um feedback é desabafar seus descontentamentos em relação ao seu liderado, pode parar. Feedback não é uma forma de mostrar como é superior ao outro e sim como você divide suas experiências, mostrando seu modo de agir e pensar, acrescentando opiniões construtivas.

É muito importante saber dar e também receber o feedback, alias é importante que até o peça às vezes, para poder ter uma opinião sobre seu rendimento profissional.

Ao dar e receber feedback, pense e visualize uma escada. Essa escada é apenas utilizada para subir, na ascendente, ela não serve para descer. Quando você dá um feedback e tem a visão dessa escada que apenas sobe, faz com que a pessoa recebendo o feedback se sinta valorizada.

Ao dar um feedback é importante que descreva a situação com detalhes, explicando os efeitos causados no ambiente sobre o seu ponto de vista profissional. Quando a pessoa que estiver recebendo seu feedback intervir por algum motivo, pare e ouça atentamente.

Esclareça as dúvidas caso surjam, dê sugestões para melhorias e, no final, estimule de maneira positiva, reconhecendo também os pontos fortes dessa pessoa.

Ao receber um feedback, ouça sem interromper.

Evite discutir ou ficar na defensiva, ao invés disso, pergunte para obter entendimento. É importante ouvirmos a opinião de uma outra pessoa sobre nossos comportamentos e atitudes.

O nosso crescimento profissional está intrinsecamente ligado com a capacidade de lidarmos com as diferentes opiniões e com as adversidades do mundo corporativo. Você já deve ter ouvido aquela frase que diz: "o que seria do azul se todo mundo gostasse do vermelho?"

As diferenças de opiniões sempre existiram e continuarão existindo enquanto o ser humano estiver no mundo, por isso, é importante saber ouvir e saber se comunicar com qualidade.

E saber dar e receber feedbacks é uma poderosa ferramenta para estreitarmos relacionamentos pessoais e profissionais e, como a própria origem da palavra nos orienta, realimentarmos nossas percepções, expressando nossas opiniões de uma maneira construtiva e profissional.

É importante que tenhamos consciência de que a advertência é um sinal de que não estamos cumprindo com as regras do jogo.

É uma espécie de sinal para que você preste mais atenção.

21

A derrota: esse jogo poderia ter sido diferente

Quando você for derrotado em alguma partida no campeonato, pense assim: "É preferível perder uma partida do que o campeonato".
Toda derrota é uma lição na qual você pode aprender muito com seus erros e não deve ser encarada como um fracasso definitivo, devemos aceitá-la como um sinal de que somos humanos e, às vezes, falhamos.

O que não pode acontecer é nos acostumarmos com as derrotas: você deve superar, com garra, raça e seguir em frente. Lembre-se da história do time que estava na "lanterna" e foi subindo, subindo e superou seus limites, chegando à conquista do campeonato. É aí que reside a beleza no jogo da vida: a bola deve sempre continuar rolando!

Não adianta chorar no final da partida, jogue sempre como se fosse uma final de campeonato.

No campeonato da vida, só vence aquele que joga cada minuto do jogo como se fosse uma final de campeonato. Dê 200% de você em todos os minutos de sua vida, em todas as suas partidas pessoais ou profissionais.

Faça sempre mais do que lhe pedem, não seja medíocre. Seja o artilheiro do campeonato da vida, marque gols para ser um campeão!

22

Como está a sua bola?

Há mais pessoas com bola murcha do que cheia no jogo da vida. Sua bola tem que estar sempre cheia e calibrada, para que ela role redonda pelo gramado, para que você viva mais e melhor, com qualidade de vida. Pense em como está lidando com essa bola, que representa a sua vida.

Se está praticando o que é certo, tudo dá certo. Se você é um ser humano que tem consciência do seu espaço no mundo, respeita as leis do homem e da natureza, sendo ecológico e socialmente responsável, colabora para a continuidade da vida.

Imagine que a sua bola, a sua vida, é um recipiente de possibilidades infinitas. Se você enche a sua bola com coisas boas e, diariamente, cuida dela, mantendo-a calibrada, então, você estará com a sua bola cheia de vida.

Mas se você não der valor para sua bola e deixá-la de canto, encostada, ela irá murchar. Será um recipiente sem conteúdo.

Quando sua bola está cheia de vida, você se calibra, se harmoniza com o mundo, ficando centrado nos seus valores pessoais e profissionais.

Você se torna referência para as pessoas. Desse modo, pode se abrir com as pessoas, porque possui confiança nas suas jogadas e não tem receio em dividir suas experiências e aprendizados com os outros jogadores.

A sua bola é apenas o início de uma corrente do bem. Imagine a amplitude dessa força, pois quando você está bem, o mundo todo se transforma a sua volta.

Amplie sua imaginação e perceba que sua bola está lá no centro do gramado.

Vá ampliando sua visão, da bola para o campo, do campo para o estádio, do estádio para sua cidade, da sua cidade para o Brasil todo, do Brasil para o mundo...

...sua vida pode fazer a diferença, você faz parte da maior bola de todas, que é o mundo e essa bola precisa da sua ajuda.

Sua bola está cheia, você está animado?

Ou você está com a sua bola murcha?

Está cheio de bola murcha por aí, não é?

23

**Em time que ganha
não se mexe**

Essa frase é clássica no futebol e no jogo da vida é exatamente igual. Quando as coisas estão boas para você, ninguém mexe.

Portanto, faça o seu melhor sempre. Fixe essa frase em sua mente: você é o que acredita ser. Confie nas suas jogadas, acredite que você pode alcançar seus objetivos, decidindo e mantendo suas convicções. Antecipe os possíveis erros que possam surgir antes de uma partida, esteja prevenido, pois jogador prevenido vale por dois.

Entenda que a solução de um problema está no próprio problema. Todo problema é uma oportunidade para o seu crescimento.

Seja criativo e aprenda a ser um SOLUCIONADOR DE PROBLEMAS. Você será valorizado por isso.

Tenha iniciativa e não espere as coisas acontecerem, ao contrário, faça as coisas acontecerem a seu favor.

Quando você é entusiasmado, acaba atraindo outros entusiasmados. Ninguém gosta de ficar ao lado de pessoas pessimistas, seja um jogador que cativa a torcida. Tenha controle das suas ações, seja tolerante e ouça ao invés de falar sem qualidade.

Ao comunicar-se com alguém, seja claro e objetivo, pronuncie as palavras com exatidão para obter a compreensão das pessoas que o cercam. Faça mais do que você é contratado para fazer e, desse modo, será valorizado no campeonato da vida.

Não seja um jogador "salto alto". Em vez de competir pelo seu espaço em campo, coopere com a equipe e seja valorizado pelo seu time por sua humildade e servidão.

Persista nos seus ideais, concentre todos os seus esforços em cada partida, minute a minuto. Não pense no campeonato como um todo, foque apenas na partida em que estiver jogando.

Viva o momento presente em sua plenitude, o que importa é viver aqui e agora.

Prepare-se para a grande partida da sua vida...

...em busca do seu troféu!

Porque você merece esse troféu.

Mas, para que isso aconteça, você precisa se preparar e aprender a utilizar as 7 jogadas de ouro.

24

Dicas do coach: as 7 jogadas de ouro

Todo treinador ou "coach" possui dicas, algumas "jogadas ensaiadas" para treinar a sua equipe. Eu não poderia terminar este livro sem antes deixar algumas dicas ou "jogadas ensaiadas" para você conduzir melhor suas partidas no jogo da vida.

Mas antes disso, quero falar um pouco sobre a minha profissão e sobre o que significa coaching.

O que é coaching?

"Coach" significa treinador em inglês e "coaching" é um processo de desenvolvimento pessoal e profissional que auxilia uma pessoa ou um grupo de pessoas no alcance de seus objetivos, através da identificação, entendimento e aprimoramento de suas competências.

No início quando surgiu, em meados da década de 70, o coaching era associado exclusivamente aos esportes, pois todo atleta ou equipe esportiva tinha o seu "coach", que no Brasil é conhecido como treinador ou técnico no futebol. As pessoas ou equipes que passam por um processo de coaching, adquirem uma maior autoconsciência de sua conduta pessoal ou profissional, identificando os obstáculos no alcance de seus objetivos e aprimorando competências para melhorar seus resultados.

Atualmente, o coaching é aplicado em todas as áreas e aspectos da vida, sendo muito comum a procura desse profissional por executivos, profissionais liberais e pessoas que desejam obter uma transformação em suas atitudes, trabalhando com o aperfeiçoamento de competências como: liderança, comunicação, relacionamento interpessoal, organização, assertividade, gestão de tempo, planejamento estratégico, entre outras. O coach auxilia seu cliente a atingir o máximo de seu potencial, incentivando-o na busca dos resultados, ensinando-o a aprender com seus próprios recursos e capacidades.

Todo o processo de coaching visa auxiliar o cliente a estabelecer suas metas de uma forma organizada para o alcance concreto de um objetivo. Lembrando que meta é diferente de objetivo.

As metas são ações mensuráveis, os passos para se atingir um objetivo. Então, um objetivo pode ter várias metas. Por exemplo, se o seu objetivo é viajar para a Disney, as metas serão todos os passos que devem ser dados para se chegar até lá. Metas são expressas por valores numéricos, portanto, no exemplo da viagem à Disney, seria necessário determinar o investimento financeiro, o número de dias, os horários, entre outros fatores que possam ser medidos ou quantificados como resultados concretos.

O processo de coaching pode ser empregado na vida pessoal ou profissional, especialmente na mudança de comportamento, nas situações de transição de carreira ou na orientação para novos empreendimentos. Toda pessoa que passa por um processo de coaching, descobre e desenvolve habilidades, recursos e comportamentos, administrando as mudanças com mais consciência e atitude.

O coach orienta seu cliente a construir uma missão, visão e valores de vida pessoal e profissional, primeiramente, através de uma avaliação detalhada do estado atual do cliente e em seguida, auxilia no estabelecimento de um plano de ação com objetivos e metas e que possam ser monitoradas no processo.

As sessões de coaching, normalmente, são realizadas através de encontros semanais ou quinzenais, com aproximadamente uma hora de duração ou de acordo com as necessidades do cliente. Nesses encontros, que poderão ser realizados pessoalmente ou até pela internet, o coach levantará todas as informações necessárias para a avaliação do seu cliente, estudando seu perfil comportamental para o alinhamento com os seus objetivos.

Estabelecido o objetivo a ser alcançado, o coach auxiliará o cliente na elaboração de um plano de ação, acompanhando e verificando passo a passo as metas e os resultados alcançados. Coaching é foco, ação, resultado e melhoria contínua.

É uma ferramenta poderosa para aqueles que almejam atingir seus objetivos, aprendendo novas possibilidades, transformando intenções em ações concretas com resultados sustentáveis.

O que são as 7 jogadas de ouro?

São algumas dicas importantes que quero dividir com você.

As "7 jogadas de ouro" são:

1. FAÇA A ESCOLHA CERTA
2. SUPERE AS ADVERSIDADES DA VIDA
3. APRENDA COM OS MELHORES JOGADORES
4. USE O TEMPO AO SEU FAVOR
5. FAÇA SEMPRE MELHOR
6. PRATIQUE O HÁBITO DE VENCER
7. AUMENTE SUA TORCIDA

Nas páginas seguintes irei explicar cada uma delas, espero que você aproveite cada uma dessas dicas de sucesso e lembre-se: Eu estou torcendo por você!

Jogada de ouro 1:
Faça a escolha certa

Quem joga no seu time? Você tem alguém com a "bola murcha" jogando com você? Afaste-se dos jogadores pessimistas que te puxam para baixo ou te arrastam para trás, que vivem do passado. Aproxime-se dos jogadores otimistas e motivadores, que te empurram para frente, que dão um salto na sua qualidade de vida. Você é o único responsável pelas escolhas que faz na vida. O maior poder que uma pessoa possui é o poder de escolher aquilo que deseja ser, fazer ou ter.

Lembre-se: toda escolha é uma renúncia. Quando escolhe um caminho, renuncia a outro. Perceba que é possível escolher como quer tratar as pessoas e também lidar com as adversidades da vida. Você também escolhe o que quer aprender e o que deseja realizar na vida, escolhe tudo aquilo que deseja acreditar, escolhe as pessoas com as quais quer se relacionar e, enfim, determina seu caráter e suas atitudes pelas suas escolhas.

Como proferiu Antoine de Saint Exupéry em seu livro "O pequeno príncipe": "Tu te tornas eternamente responsável por aquilo que cativas", entenda que as suas escolhas determinarão o seu sucesso ou fracasso. Portanto, saber escolher com sabedoria é o primeiro passo para aqueles que almejam atingir um lugar mais elevado no campeonato da vida.

Ao escolher, reflita sobre os seguintes pontos:

O que ganho e o que perco com essa escolha? Quais serão os impactos dessa escolha no meu futuro? Essa escolha está alinhada aos meus valores? Existem outras pessoas envolvidas nessa escolha que serão beneficiadas ou prejudicadas pelas minhas ações? Essa escolha realmente fará a diferença na minha vida?

Jogada de ouro 2:
Supere as adversidades da vida

Sem adversidades, sem conflitos, não há desenvolvimento. É isso que dá a força no jogo da vida: as adversidades. Pare e pense: você aprende mais com quem está do seu lado te apoiando ou com quem não está do seu lado e te desafia a ser melhor ainda?

Você aprende mais com as vitórias ou com as derrotas? Os desafios, os conflitos e adversidades nos fazem crescer. As adversidades sempre existirão. O primeiro passo para o enfrentamento das adversidades é justamente aceitar que isso sempre acontecerá, independente da nossa vontade.

É nas adversidades que aprendemos, que evoluímos. Costumo sempre dizer que a nossa vida é como uma montanha russa, ou seja, ela é feita de altos e baixos. Podemos estar em algumas situações no topo e em outras despencando montanha abaixo.

Você poderá escolher ficar choramingando ou se deprimir diante das dificuldades, mas a melhor escolha sempre será aceitar esse momento difícil da sua vida como um desafio a ser superado e com isso, aprender com a situação.

Você deve ser maior que o problema , é preciso ter coragem para superar as épocas difíceis da vida, pois como dizia o filósofo Aristóteles: "A coragem é a primeira das virtudes humanas, porque ela torna todas as outras possíveis".

Se você escolher continuar alimentando o problema, ele se tornará cada vez mais forte. Alimente a sua coragem e não as adversidades. Entenda que a diferença entre as pessoas bem sucedidas e as que tem dificuldade em obter a vitória não está no número de vezes que venceram, mas no número de vezes que persistiram em superar as adversidades da vida e com isso se tornaram melhores e mais fortes. Tenha coragem!

Jogada de ouro 3:
Aprenda com os melhores jogadores

Jogadores mais novos devem observar com atenção as jogadas dos experientes, "modelando" seus comportamentos. Se você quer melhorar, observe as jogadas dos craques que admira e depois, pratique intensamente repetindo tudo que observou. Se for possível, se aproxime desse craque e tire suas dúvidas, observe como ele obtém seus resultados. Quando paramos para observar as pessoas, com os nossos olhos internos, conseguimos ver aquilo que está além do nosso campo de visão, ou seja, as características únicas e essenciais que o outro ser humano possui. Ao observar essas características, podemos "modelá-las" ou seja, ver a maneira como o outro faz, aquilo que faz, utilizando um método, uma forma, um hábito, uma maneira, um estilo. A "modelagem" é uma das estratégias de aprendizado da Programação Neurolinguística que é o aprendizado pela observação, onde um indivíduo faz uma conexão com outra pessoa, que é chamada de "modelo" na qual é dotada de uma habilidade, comportamento ou estratégia de sucesso. Essa conexão cria uma espécie de "link neurológico" que é um estado de focalização mental desencadeado pela atenção, interesse, motivação e envolvimento total com o "modelo" observado. Essa observação é altamente rica, pois faz com que aprendamos com o outro, através de sua linguagem verbal (aquilo que fala) e não verbal (aquilo que demonstra, sinais faciais, posturas, estilos) e de sua forma de agir (atitudes e ações frente aos desafios diários). Modele pessoas que são excelentes e como aprendeu que humildade e gratidão são importantes no jogo da vida, comece a se aproximar delas com "por favor" e termine com "muito obrigado". Aprenda com os melhores!

Jogada de ouro 4:
Use o tempo a seu favor

Não adianta atropelar as coisas na vida: respeite o seu tempo e o tempo dos outros. Organize seu tempo conforme suas prioridades. Prioridade é tudo que deve ser feito em primeiro lugar. Faça uma lista de tudo o que você precisa fazer analisando sua ordem de prioridade.

É importante entender as interpretações que se faz com relação a utilizar o tempo, pois cada pessoa tem uma atitude de como lidar, gastar, utilizar ou administrar o próprio tempo. Mas afinal, o que é o tempo?

Uma resposta muito famosa para essa pergunta é a de Santo Agostinho, que diz:

"O tempo é o tema mais banal de nossas conversas cotidianas, e não fazemos outra coisa se não falar disso. E, no entanto, se alguém nos pergunta sobre o que é isso de que tanto falamos, nos vemos diante de um paradoxo: o que é, por conseguinte, o tempo? Se ninguém me perguntar, eu sei, mas se o quiser explicar a quem me faz a pergunta, já não sei".

Estar consciente dos fatores que influenciam a maneira como se percebe e utiliza o tempo, é um passo importante para administrá-lo e aproveitá-lo. Usar o tempo a seu favor, não significa deixar de fazer o que quer ou o que gosta de fazer, nem estar preso a um roteiro rígido e definido. Significa ter o controle, tomar posse de seu próprio tempo, se responsabilizar por suas escolhas e usar o tempo de maneira consciente e produtiva, de acordo com a sua percepção dos objetivos pessoais ou profissionais.

Portanto, não perca tempo no jogo da vida com coisas supérfluas e que não são importantes. Faça sua agenda!

Jogada de ouro 5:
Faça sempre melhor

Não faça nada pela metade, pois tudo o que é feito com dedicação, merece ser valorizado. Lembra-se dos 8 pontos de equilíbrio? Física, mental, profissional, financeiro, familiar, relacional, emocional e espiritual. Faça o melhor que você puder para deixar seus 8 pontos equilibrados e sua bola da vida ficará "redondinha", calibrada e COMPLETA em todas as áreas da sua vida.

Além disso, seja um "master mind", que é um termo criado por Napoleon Hill em sua obra "A Lei do Triunfo", que é utilizado mundialmente para designar as pessoas que são capazes de traçar seu caminho com visão de futuro em busca de um objetivo. Ser um "master mind" é conseguir superar os desafios que a vida oferece através de atitudes positivas que promovam resultados extraordinários. Ser um "master mind" é utilizar ferramentas poderosas que se colocadas em prática conduzirão uma pessoa à vitória profissional e pessoal. São elas:

Humildade: a base de todo crescimento interno.

Desprendimento: desenvolver o hábito de não gerar expectativas desnecessárias nas pessoas, objetos e sistemas. Integridade: ser justo nas suas decisões.

Determinação: ter foco e um plano de ação bem definido.

Otimismo: a forma de acreditar nas coisas boas da vida.

Entusiasmo: literalmente, "Deus dentro de nós", vem da palavra grega "en + theos".

Criatividade: a forma de expressão do ser humano em prol daquilo que se propôs a ser, ter e fazer.

Serenidade: a forma de encarar com tranquilidade os desafios que a vida nos apresenta.

Jogada de ouro 6:
Pratique o hábito de vencer

Na hora que você acreditar que já estudou todas as táticas, estude de novo. Quando acreditar que fez o melhor, faça novamente. Pratique sempre, só assim será o titular do seu time. Pratique o bom hábito de jogar no time que vence, que joga completo, que só tem jogadores "feras".

Pratique a colaboração e ajude o máximo de pessoas a crescerem juntamente com você no jogo da vida. Já ouviu aquele ditado que diz que a prática leva à perfeição? Para praticar o "hábito de vencer" é necessário ter disciplina com relação a novas atitudes positivas que conseguimos incorporar em nossa vida. É uma prática que requer esforço para ser cumprida, entretanto, a partir do momento que ela é integrada a nossa vida, ela se torna um hábito. Para construirmos esse hábito é importante entendermos que devemos ter o domínio pessoal que envolve o contínuo esclarecimento daquilo que é importante para nós, ou seja, um propósito ou missão de vida, uma noção clara da realidade atual, em outras palavras, onde estamos com relação ao que é importante atingir.

Essa análise, que deve ser constante, nos impulsiona para o que chamamos de "hábito de vencer" e é o que podemos entender como a motivação necessária para continuarmos caminhando na direção certa, com relação aos nossos objetivos pessoais e profissionais.

Aqui, cito uma frase de Stephen Covey: "Plante um pensamento, colha uma ação. Plante uma ação, colha um hábito. Plante um hábito, colha um caráter. Plante um caráter, colha um destino".

Seja um vencedor no campeonato da vida pelo desenvolvimento de bons hábitos. Sucesso!

Jogada de ouro 7:
Aumente sua torcida

Relacione-se, faça novas amizades, aumente sua torcida! Aprenda a fazer elogios sinceros às pessoas, cativando-as. Tenha um aperto de mão forte e assertivo, sorria ao cumprimentar. Seja uma pessoa que cultiva a amizade desinteressada, não crie nenhuma expectativa nos outros. Procure ajudar, colaborar, ser prestativo, estar à disposição. Não seja um "bola murcha" no jogo da vida, seja feliz e conquiste o maior número de torcedores.

A base de todo relacionamento é confiança e empatia. A confiança permite compartilhar informações e garantir que os interesses das pessoas sejam difundidos de forma empática e acolhedora. Quando se confia no outro, há uma relação de reciprocidade e ambos caminham juntos em prol de um único objetivo. Cada ser humano reage de uma forma no mundo e, ao nos adaptarmos a essa forma de reação do outro, ao compreendermos e experimentarmos seus sentimentos, pensamentos e experiências, adquirimos a empatia que é a habilidade de entender as pessoas, captar o que desejam e estar na mesma sintonia que elas. A palavra empatia vem do grego "empatheia", que significa "sentir dentro" e do alemão "einfuhlung" que significa "sentimento interior". Com a confiança e a empatia promovemos intimamente a afinidade nas relações e aumentamos nossa rede de relacionamentos.

Essa rede de relacionamentos, também chamada networking deve ser sustentada na base da qualidade de atenção que você dá às pessoas. Comece a aumentar sua torcida com as pessoas que você já tem algum contato e vá ampliando suas relações sustentando-as na base da confiança e da empatia.

25

Saiba quando pendurar as chuteiras

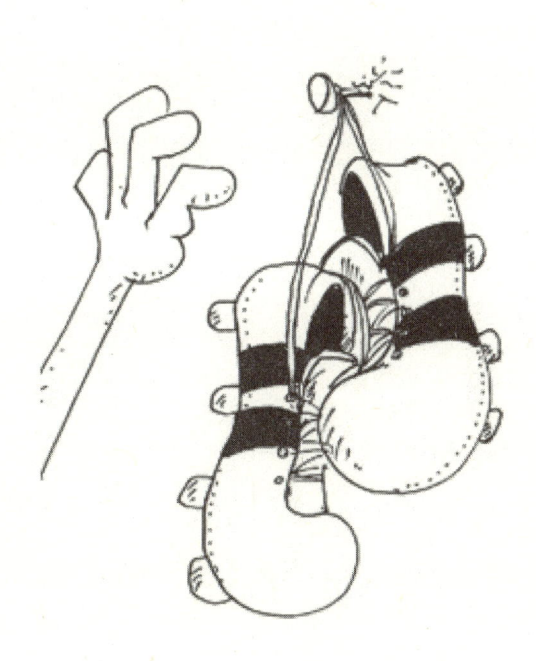

Já está chegando o momento de "pendurar as minhas chuteiras" neste livro. Já estamos quase no final do segundo tempo e como daqui a pouco eu irei "tirar o meu time de campo", aproveito essa oportunidade para agradecer a sua atenção. Obrigado por ler o meu livro, saiba que estarei sempre torcendo por você!

Por falar em "pendurar as chuteiras", peço novamente sua licença para falar de dois amigos chamados João e José.

Eles eram amigos que torciam pelo mesmo time desde a infância.

Não vou revelar para qual torciam, o importante é você saber que os dois eram APAIXONADOS por futebol. Desde crianças estiveram juntos pelos gramados da vida. Eles estudavam na mesma escola e davam sempre um jeitinho de cabular as aulas para jogar futebol com os amigos.

Quando eram jovens, costumavam deixar as namoradas esperando, pois sempre se atrasavam devido aos compromissos futebolísticos. Os dois amigos acabaram casando-se com as mesmas namoradas da juventude, pois eram as únicas que tinham paciência para dividir espaço com o amor deles pelo futebol.

Quando seus filhos nasceram, os dois compraram camisetinhas do time do coração e orgulhosos, vestiram seus bebês. E assim foi por toda a vida de João e José: os anos corriam e a paixão pelo futebol ia aumentando cada vez mais, assim como a amizade da dupla.

De jogadores afoitos passaram a torcedores fanáticos. Nas rodinhas, o papo sempre era futebol. Comiam, bebiam e dormiam futebol.

Certo dia, os dois amigos já bem velhinhos estavam sentados na varanda e o João perguntou para o José:

"José... será que tem futebol lá no céu? Vai ser um problemão se não existir o esporte lá na terrinha de São Pedro!"

Após muitas discussões sobre o assunto, combinaram que aquele que primeiro "pendurasse as chuteiras" no jogo da vida, voltaria para contar ao outro se existia futebol no céu. E como tudo termina um dia, o José foi o primeiro a "pendurar as chuteiras" definitivamente no jogo da vida. João ficou desolado sem a presença do amigo após seu falecimento.

O tempo foi passando, passando e a saudade aumentando. Em uma noite, João acordou com um barulho, um estrondo que vinha da sala e pulou da cama assustado, pensando tratar-se da invasão de um ladrão em sua casa.

Ele levantou e foi caminhando na ponta dos pés, precavido. Quando ele chegou na sala ficou assustado...

...O teto estava totalmente aberto, escancarado, dava até para ver as estrelas brilhando na madrugada.

E de repente, lá do céu, um facho de luz dourada foi invadindo a sala e o João se ajoelhou, extasiado.

E do facho de luz dourada, João viu descendo lá do céu, um jogador todo vestido de branco. Era o José, mas com uma aparência jovem, parecendo um anjo.

E João, admirado, ergueu as mãos para o céu e gritou:

"José! Minhas preces foram atendidas, tem futebol lá no céu!"

E o José respondeu ao amigo João:

"Tem sim, meu amigo... E você acaba de ser escalado para a próxima partida!"

Eu quero perguntar para você:

Quando será escalado para a próxima partida?

Pode ser hoje, pode ser amanhã, não importa. O que realmente importa é que esteja preparado para dar o melhor de si e contribuir ao máximo para sua participação nesse campeonato da vida até o dia em que você definitivamente esteja preparado para pendurar suas chuteiras.

26

Você vai dar o melhor de si?

O verdadeiro SUCESSO, a vitória no campeonato da vida, só ocorrerá quando estabelecermos padrões elevados de excelência para nós mesmos. É nessa busca pela excelência, na qual procuramos fazer as coisas ordinárias de um modo extraordinário que o sucesso, inevitável e infalivelmente, se apresentará a nós. Essa é a essência do sucesso.

Para você refletir:
Durante todo o seu dia, quais são os momentos que realmente tem a consciência de que está dando o melhor de si?

Se fosse para você traçar um gráfico do seu rendimento pessoal, qual seria a porcentagem do seu grau de excelência com as coisas que fazem parte da sua vida?

"Dar o melhor de si" não significa exceder os seus limites de uma maneira absurda, na qual você se estressa e acaba também estressando os outros a sua volta. Não precisa ser um "workaholic", um viciado no trabalho que fica tentando provar aos outros que trabalhar além do normal é a melhor forma de se conseguir obter o sucesso na vida, mesmo que para isso seja necessário sacrificar sua liberdade, saúde, qualidade de vida, relacionamentos e, inclusive, a própria família.

Isso é "dar o pior de si", não é mesmo?

Para você refletir:
Você tem medo do fracasso ou medo do sucesso?
Como assim, Edson? Medo do sucesso?
Como é que alguém pode ter medo do sucesso?
Normalmente, nós temos medo do fracasso, não é mesmo?
Você pode estar se perguntando exatamente isso nesse momento e eu até gostaria de dizer que está certo, mas tenho visto na prática, nas minhas sessões de coaching e nos treinamentos comportamentais que

ministro, justamente o contrário: as pessoas têm mais medo do sucesso do que do fracasso.

As pessoas, na realidade, querem o sucesso, buscam o sucesso muitas vezes, a qualquer custo. Mas o grande problema é que só pensam no que vão GANHAR obtendo o sucesso e acabam se esquecendo daquilo que irão PERDER para obtê-lo.

Quando se foca na montanha, não se vê as pedras no caminho. Você não tropeça em uma montanha!

Se deseja algo na vida, foque intensamente no seu objetivo, mas visualize também os desafios necessários para obtê-lo.

A maioria das pessoas não consegue visualizar quais serão os desafios e nem os passos necessários para se obter o sucesso. Daí, quando se deparam com as novas responsabilidades, com os investimentos de tempo e recursos que a busca pelo sucesso irá exigir, acabam desistindo no meio do caminho, quando já estavam tão próximas do êxito, da vitória. Cabe aqui uma citação de um grande homem, Thomas Edison, inventor da lâmpada:

"Muitos dos fracassos da vida ocorrem com as pessoas que não reconheceram o quão próximas elas estavam do sucesso quando desistiram".

É quando uma pessoa se aproxima do sucesso que surge com mais força o seu "sabotador interno" que é uma daquelas "vozes internas" que nos questionam sobre o quanto realmente estamos indo para o caminho correto, se conseguiremos suportar as responsabilidades que esse sucesso atrai, enfim, se estamos preparados realmente para dar continuidade ao sucesso.

Nesse momento, quando você estiver de mal humor, com preguiça ou começando a ficar desanimado com o rumo dos acontecimentos na conquista dos seus objetivos, pare e reflita se vale a pena continuar com esse comportamento negativo.

Pode escolher levantar sua cabeça, respirar e seguir em frente, dando o melhor de si para você e para as pessoas que fazem parte da sua vida.

Já pensou se um médico resolvesse escolher ficar desanimado e com preguiça no meio de uma operação cirúrgica?

E se o piloto de um avião desistir de pilotar o aparelho no meio da viagem, simplesmente por que ficou desmotivado? Quando alguém faz algo por você, quer que essa pessoa dê 200% do melhor dela, não é mesmo?

Napoleon Hill no seu livro "A Lei do Triunfo" cita a "Regra de Ouro", que significa, substancialmente "fazer aos outros apenas aquilo que desejaríamos que os outros nos fizessem, se estivessem em nossa situação", e conclui "Há uma lei eterna por meio do qual colhemos sempre o que semeamos".

Acredito que se você estabelece para si padrões elevados de excelência e segue esses padrões, dando o seu melhor, independente das circunstâncias da vida, colabora para o seu sucesso e também melhora a vida das pessoas que estão do seu lado, torcendo por você!

É preciso estabelecer padrões elevados de excelência nas 3 principais áreas da sua vida: caráter, relacionamento e desenvolvimento pessoal.

27

Caráter

O caráter é a soma dos seus traços morais de personalidade, dos seus hábitos, virtudes e vícios. É aquilo que define as suas atitudes, seus comportamentos nos ambientes pelos quais passa a maior parte da vida.

George Matthew Adams, um famoso colunista norte-americano, citou "Não existe essa coisa de homem feito por si mesmo. Somos formados por milhares de outros.

Cada pessoa que alguma vez tenha feito um gesto bom por nós, ou dito uma palavra de encorajamento para nós, entrou na formação do nosso caráter e nossos pensamentos, tanto quanto do nosso sucesso".

Quando investe no seu caráter, quando exige o melhor de si no desenvolvimento e manutenção dessa área na própria vida, reforça ainda mais a sua responsabilidade, atitude, disciplina, o respeito pelos outros e integridade.

Ser íntegro é ser honesto e justo consigo mesmo, é saber respeitar os seus direitos e também os seus deveres.

É não ser um "maria vai com as outras" que é um termo utilizado para definir as pessoas que se deixam corromper pelas coisas fáceis da vida, pelo jeitinho de dar um jeitinho em tudo.

"Ah! Todo mundo tá furando a fila...Eu também vou furar!"

Ter caráter é manter a sua firmeza e, sobretudo, excelência moral, é procurar ser incorruptível, é ter uma reputação sólida, é ser admirado pelos seus atos de justiça e honestidade. É ser um jogador exemplar que joga o bom jogo no campeonato da vida.

28

Relacionamento

O relacionamento é estabelecer uma conexão, uma ligação entre uma ou mais pessoas: marido e esposa, pais e filhos, irmãos e irmãs, amigos, parentes. A palavra relacionamento, etimologicamente, vem do latim relation e significa "estabelecer uma ligação entre".

O famoso escritor e endocrinologista Deepak Chopra escreveu:

"Seja qual for o relacionamento que você atraiu para dentro de sua vida, em uma determinada época, ele foi aquilo que você precisava naquele momento".

Você define seus relacionamentos, escolhe com quem quer se relacionar e, principalmente, como quer se relacionar. Para obter um bom relacionamento e mantê-lo é necessário, primeiramente, exercitar a sua humildade. Ser humilde é deixar de lado todo o seu egocentrismo e os estados negativos do ego como: orgulho, vaidade, arrogância, prepotência, presunção, exibicionismo. É saber dar valor às pessoas e dar a qualidade de sua atenção. Em segundo lugar, é preciso ter Paciência e Tolerância. Você pode estar certo, cheio da razão, mas se não tiver paciência e tolerância, perderá os créditos em um relacionamento.

Dê sempre a oportunidade para o outro falar, não interrompa as pessoas, mesmo que esteja certo. Seja tolerante para entender que as pessoas são diferentes e, portanto, pensam e agem diferentemente de você. Finalmente, é preciso ter empatia.

Como já falei anteriormente, a empatia é o estado da compreensão. É, literalmente, entrar no mundo do outro, é "olhar e compreender o mundo com o olhar do outro".

29

Desenvolvimento pessoal

Quero que reflita sobre as próximas linhas deste livro. Acredito que todos nós somos, ao mesmo tempo, mestres e aprendizes.

A magia do aprendizado só ocorre quando aceitamos o nosso lado aprendiz. É o contínuo esvaziar do copo que nos permite reaprender.

É o eterno aprendiz, essa criança curiosa que existe em cada um de nós, que nos motiva a superar os desafios acreditando no mundo das possibilidades.

Dê o melhor de si na sua educação, no seu aprendizado. Leia, leia e aprenda o máximo que puder. Compartilhe também os seus aprendizados com o maior número de pessoas possível.

Seja um bom mestre, divida conhecimentos, crie aprendizes, seguidores e sucessores. Jamais desista de se desenvolver, lembre-se: você é um eterno aprendiz!

Possui um grande poder que é o da escolha, e saber escolher é decidir o rumo da sua vida.

Pode escolher dar o melhor de si, ser mais participativo, ter consciência dos seus propósitos e celebrar a alegria de viver o momento presente, pois nunca é tarde para mudar.

Responda a seguinte pergunta:

"Quanto está investindo no seu desenvolvimento pessoal?"

30

FUTEBOL x MUNDO CORPORATIVO:
esse jogo deu empate!

Dicas finais para você aumentar sua liderança

Na minha palestra motivacional para equipes "Torcendo por você!" que já ministro há algum tempo em congressos, convenções e eventos corporativos em todo Brasil - desde a Copa de 2006, para ser mais preciso - assim como neste livro, resolvi compilar alguns conceitos e reflexões sobre os aspectos comportamentais da autoliderança pessoal e profissional comparando-os com o universo do futebol.

Confesso que não tive intenção alguma de escrever uma obra literária complexa, muito pelo contrário. Este livro condensa os principais pontos dessa palestra que foi criada, originalmente, para passar de forma didática e lúdica conceitos de liderança e trabalho em equipe para times de produção. Eu arrisco dizer que essa palestra foi a primeira no Brasil a integrar conceitos de Life, Leader e Team Coaching ao universo do futebol.

Só para você ter uma ideia ao que me refiro, a primeira vez que ministrei essa palestra foi para todos os funcionários de uma empresa alimentícia que, antes da troca dos seus turnos, saiam mais cedo e participavam de uma série de atividades motivacionais, dentre elas, a minha palestra. Ministrei essa palestra por 3 vezes seguidas, no mesmo dia, em cada troca de turnos da empresa. Imagine ministrar uma palestra para aqueles funcionários que haviam passado uma noite trabalhando! Portanto, a ideia era que a palestra pudesse fazer com que esses funcionários tivessem um momento de descontração após a extenuante jornada de trabalho mas, ao mesmo tempo, pudessem receber um conteúdo relevante que os fizessem "memorizar" conceitos importantes sobre trabalho em equipe, engajamento, comportamento e foco em resultados.

Com o passar dos anos, a palestra foi sendo migrada, do ambiente corporativo para convenções nacionais de vendas e eventos corporativos de maior porte. "Torcendo por você!" é, portanto, uma analogia bem-humorada que apresenta respostas para as principais perguntas de quem deseja chegar ao topo na sua carreira profissional com comparações entre o mundo do futebol e os aspectos relevantes dos ambientes corporativos.

Resolvi, então escrever este último capítulo do livro para mostrar para você, leitor, que o futebol possui muitas semelhanças com o mundo corporativo, pois ambos estão cada vez mais competitivos e dinâmicos, portanto, em constante atualização e em movimento de mudança. Estarei agregando a seguir alguns conceitos aos já inseridos no livro e apresentando novas analogias, espero que aprecie os tópicos que serão apresentados. Aproveite para fazer uma revisão ao que já leu e também para assimilar novas percepções.

• Existem algumas semelhanças entre a estrutura hierárquica do futebol com o mundo corporativo.

Como já mostrado anteriormente no livro, apenas para revisar:

Torcida = Cliente
Clube = Empresa
Dirigente = Diretor
Técnico = Líder
Árbitro = Normas e regras
Jogador = Funcionário
Gol = Objetivo

• Assim como existe uma pressão para se vencer um campeonato também existe uma pressão no mundo corporativo para se atingir metas.

Assim como um técnico precisa conhecer cada jogador em campo, pois existirão pressões - tanto internas (como um jogador pensa e se comporta em campo sob pressão) quanto externas (maneira como uma torcida reage aos resultados) - do mesmo modo, as empresas precisam conhecer muito bem o seu capital humano para poder vencer pressões e momentos de crise ou mudanças no mercado.

Uma equipe bem preparada e que seja criativa, estratégica e resiliente tem mais chances de sobreviver no mundo corporativo: o que faz a diferença nos resultados é como uma equipe trabalha sob pressão e rende nas adversidades.

• É preciso, mais do que nunca, ficar de olho nos adversários:

Assim como as equipes de futebol têm analisado seus adversários, assistindo vídeos das partidas e treinando estratégias para bloquear o outro time, da mesma forma as empresas necessitam constantemente analisar sua concorrência para investir em estratégias criativas para ficar no topo do mercado que é altamente competitivo.

É preciso, acima de tudo, ter um olhar de dentro para dentro, de dentro para fora e de fora para dentro da organização, ou seja, uma visão sistêmica de 360º que possibilite o entendimento pleno de como a empresa e o mercado funcionam e quais são as tendências do futuro.

• As equipes devem estar preparadas para atingirem metas específicas:

Um clube quer conquistar o campeonato, a empresa precisa bater metas. Com isso o ato de "bater um escanteio, uma falta ou um pênalti" é uma das metas para se marcar um "gol" que é o grande objetivo de uma partida de futebol. Perceba que sempre tem um jogador experiente em campo que lidera o ato de "bater um escanteio, uma falta ou um pênalti", pois ele é o que está mais preparado para alcançar o objetivo.

No mundo corporativo, existem equipes preparadas para metas específicas, como por exemplo, uma equipe de vendas deve vender (meta), a de logística distribuir (meta), dentre outras. Encontrar o jogador certo para "jogar" na equipe certa dentro do ambiente corporativo é o grande desafio das organizações na atualidade.

• O jogador certo para jogar na posição certa:

Quanto a gestão de talentos, no futebol cada jogador sabe exatamente qual é o seu lugar em campo e qual é o plano tático para sua posição, por isso veste a camisa que realmente lhe pertence.

Já no mundo corporativo ainda vemos "jogadores" jogando em posições erradas. É preciso saber identificar quais são as habilidades de cada colaborador, investir em processos de análise de perfil comportamental, treinamento e COACHING para saber exatamente se o funcionário está apto a desenvolver com excelência sua atividade profissional.

• A preparação de uma equipe não é de uma hora para a outra, é preciso treinar intensa e constantemente:

Uma seleção leva até 4 anos para ser escolhida, preparada fisicamente e treinada taticamente para poder disputar o maior campeonato que existe: a Copa do Mundo. Do mesmo jeito deve ser encarado o investimento em treinamento contínuo de um organização. Os times de futebol têm investido nas suas equipes de base que são os futuros jogadores do clube, com isso vão abastecendo seu celeiro de jogadores, criando uma estrutura que visa a sucessão e continuidade do capital humano.

As empresas estão começando a investir em projetos de sucessão. Muitas empresas estão contratando especialistas em COACHING PARA EQUIPES DE LIDERANÇA para reforçar ainda mais o senso de continuidade, criando sucessores que possam ocupar posições mais elevadas no ambiente corporativo, visando o aumento do nível de qualificação profissional do capital intelectual humano.

• É preciso analisar constantemente a performance de uma equipe:

Um time tem apenas 90 minutos para conquistar o resultado de uma partida, portanto a análise da performance individual do rendimento em campo de cada jogador é mais intenso e visível do que em um ambiente corporativo. Em uma partida de futebol, você vê ao vivo e em cores quando um jogador não está bem preparado para o jogo.

Em uma empresa, infelizmente, ainda levam meses e até anos para perceber que o desempenho de um funcionário não está adequado à função que ele ocupa.

Estratégias de avaliação de desempenho, análise 360º, testes de perfil comportamental devem ser constantemente reforçadas dentro do ambiente empresarial, pois para maximizar a PERFORMANCE de uma equipe faz-se necessário o aumento da potencialidade coletiva e a diminuição das interferências que possam ofuscar o desempenho para o alcance de resultados.

Lembrando que são necessários 11 jogadores para

se fazer um único gol. Na empresa, o espírito de equipe também é importante, pois EQUIPE é um grupo de pessoas que se sente COLETIVAMENTE RESPONSÁVEL pelo alcance de um resultado.

• Tudo o que sobe, desce. Manter a liderança no topo da tabela é uma tarefa que exige raça e determinação constante.

Não crie ilusões sobre chegar ao topo. Subir é relativamente fácil, o difícil é manter-se no topo. Saiba que o sucesso que você obtém é igual ao quão bem você sabe liderar. No futebol, o time que se mantém no topo necessita do amparo constante de sua equipe de dirigentes, equipe técnica, torcida, mas acima de tudo, da autoliderança de cada jogador.

No mundo corporativo, sua empresa ou seu negócio só irão crescer até o limite máximo da sua liderança. Portanto, você só irá crescer se eu aumentar sua liderança.

Uma pergunta interessante: Os líderes já nascem líderes?

Resposta: Os jogadores de futebol já nascem sabendo jogar futebol? A resposta é não, portanto, assim como no futebol, a liderança pode ser aprendida por qualquer pessoa que tenha vontade de aprender como liderar.

Portanto, elevar a liderança é elevar o sucesso do seu negócio.

• Grandes técnicos valorizam seus jogadores, assim como grandes líderes valorizam seus liderados.

Técnicos vencedores trabalham em equipes vencedoras que possuem jogadores vencedores. Grandes líderes valorizam seus liderados, líderes vencedores possuem liderados vencedores. Portanto, somente lidere quem você realmente ama. Se como líder, não amar, não valorizar as pessoas que lidera, é simplesmente uma questão de tempo para que você comece a manipulá-las, a tirar vantagem delas.

Um líder tira vantagem das pessoas quando ele se coloca acima dos seus liderados. Quando ele espera que seus liderados o sirvam, ao invés de servi-los.

Lembre-se: se você ajudar as pessoas a conseguirem o que elas querem, elas irão ajudá-lo a conseguir o que você quer.

Quanto você tem valorizado seus liderados? Se eles falassem sobre você, eles diriam que você os valoriza?

Quer aumentar sua liderança? Então, aumente o valor das pessoas que você lidera!

Você eleva seus liderados ou você os coloca para baixo? Quando você eleva seus liderados, você sobe junto com eles. Ao contrário, quando você os coloca para baixo, quando os rebaixa, você se rebaixa junto com eles.

Quando você se torna um líder no seu negócio, sempre ocorrerá uma a possibilidade de uma "falha no sucesso", um "gap", um "distanciamento crítico" entre você e seus liderados.

O que você irá fazer com esse distanciamento crítico que o sucesso, inevitavelmente, traz? Se você é um líder que valoriza as pessoas, você irá eliminar essa distância, trazendo-os junto com você, compartilhando seu sucesso com eles!

Acredite: se você não compartilhar o seu sucesso com seus liderados, esse distanciamento irá aumentar cada vez mais até o ponto em que os seus liderados não consigam mais acompanhá-lo.

Líderes nunca estarão sozinhos no sucesso, eles carregam seus liderados até o topo, rumo à vitória. Se estiver sozinho no topo, você não é um líder, você será apenas um colecionador de sucessos momentâneos.

Os grandes líderes também descem do topo e andam lentamente pela multidão, valorizam as pessoas, se conectam com as pessoas. Antes de liderar, você precisará encontrar as pessoas certas: "Você gostaria de subir até o topo comigo? Você gostaria de obter sucesso comigo?". É assim que um líder se comunica.

Um líder jamais chegará ao topo sozinho, pois quando chegar ao topo ele precisará ainda mais dos seus liderados. Se você quer chegar mais rápido ao topo, você não desejará, então, carregar ninguém em suas costas. Mas, se você for um líder que deseja evoluir em sua carreira, precisará de pessoas. Você irá desacelerar, se preciso for, para chegar ao topo com toda sua equipe. Cito aqui a célebre frase de Clarice Lispector: "Quem caminha sozinho pode até chegar mais rápido, mas aquele que vai acompanhado, com certeza vai mais longe".

Para você refletir:
Por qual motivo você deseja ser um líder? Porque você vai ganhar mais? Ter status? Ter sucesso?
Lembre-se: O único motivo de liderar é agregar valor às pessoas.

• Técnicos experientes antecipam as jogadas dos seus adversários, assim como líderes enxergam mais e antes do que os outros conseguem ver.

Um técnico de futebol experiente como, por exemplo, nosso querido Zagallo que já ergueu a taça da Copa do Mundo, tanto como jogador quanto treinador, possui visão estratégica e consegue ver a partida "como um todo" além das partes. Com isso, antecipa as jogadas dos seus adversários e treina sua equipe não apenas para vencer, mas também para superar os desafios e limites individuais e coletivos. Os grandes líderes possuem a capacidade ímpar de "ver o quadro como um todo", sendo que a maioria das pessoas apenas conseguem visualizar as pequenas partes de um todo.

Líderes sempre se preocupam com o "todo" e como esse "todo" irá impactar nos resultados da sua equipe. Um líder de visão consegue antecipar uma possível crise no mercado, porque busca informações mais antecipada e rapidamente do que as pessoas normais. Quando surge uma crise, esses líderes antecipam os fatos e, rapidamente, criam estratégias diferentes para superá-la. Isso é o que chamamos de "vantagem competitiva", ou seja, "ver e agir mais rapidamente do que os outros".

Grandes líderes sempre usam essa vantagem competitiva para aumentar a vantagem dos seus liderados e, desse modo, vencer junto com eles.

Para você refletir:
A pergunta não é "Quão excelente você é?", mas "Quão excelente são seus liderados para acompanhar você?"

• Grandes técnicos sabem desafiar seus jogadores, assim como grandes líderes sabem ouvir e fazer grandes perguntas que desafiam seus liderados.

A maioria dos líderes acha que eles têm que dar a direção, têm que dar as respostas. Mas, grandes líderes fazem grandes perguntas, envolvem seus liderados nas decisões e responsabilidades. Líderes mais jovens visualizam e dão direções, enquanto líderes experientes fazem perguntas.

E como é que encontramos excelentes liderados? Fazendo perguntas. As perguntas são chaves que abrem as portas do coração das pessoas.

Antes de perguntar, precisaremos, portanto, ouvir as pessoas. Ouvir é necessário para que possamos fazer grandes perguntas. Portanto, os grandes líderes ouvem, aprendem e depois conduzem.

Se você não for um bom ouvinte, você não conseguirá aprender com seus liderados e, com isso, não irá conduzi-los com precisão.

Um líder deve ouvir seus liderados, para poder fazer perguntas e saber conduzir as pessoas.

• Grandes técnicos e grandes líderes são emocionalmente fortes e falam sobre seus fracassos antes de obterem o sucesso.

Líderes têm a habilidade de lidar com as adversidades e quando os outros desistem, eles continuam seguindo em frente.

Grandes líderes, portanto, são persistentes. Todo grande negócio ou empresa passa por momentos difíceis, adversidades.

Nunca existirão 2 bons dias consecutivos na vida de um líder: Enquanto você liderar, todos os dias, pelo resto da sua vida, você irá se decepcionar com algo ou alguém. É o ônus e o bônus, é o fardo que irá carregar ao se tornar um líder.

Eu tenho certeza de que você conhece, pelo menos, uma pessoa na sua vida que vive reclamando ao seu lado, não é? Tipo o jogador "chorão", lembra-se?

Mas acredite: enquanto você liderar pessoas, você não poderá reclamar junto! Grandes líderes têm a mesma quantidade de adversidades que os péssimos líderes, mas eles sabem controlar suas emoções. Eles têm vontade de parar? De desistir? É claro que sim! Mas eles não param, não desistem.

Eu tenho certeza também que você já fracassou antes.

A grande pergunta aqui não é "Quantas vezes você já fracassou?" mas "Como é que você lidado com o fracasso?".

Em muitos negócios, não se falam sobre os fracassos... falam-se muito e apenas sobre sucesso! Você também precisará falar sobre fracassos com seus liderados, porque se você sempre falar apenas sobre sucesso, eles ficarão impressionados, mas ao mesmo tempo deprimidos. Por qual motivo ficarão deprimidos? Porque eles também erram, ninguém sempre acerta ou só vence no jogo da vida, compreende?

Lembre-se: É o fracasso que nos ensina. É preciso errar para aprender acertar. Já falei isso antes, não foi?

Se você só falar apenas do sucesso, você irá criar aquele "distanciamento crítico", aquele "gap" com seus liderados e, com isso, você criará apenas admiradores e não seguidores.

Se você falar apenas de sucesso, as pessoas irão desejar aquilo que você tem, mas não irão se conectar com quem você realmente é.

O seu destino é livre, mas a jornada não é livre! Não existe nada fácil, gratuito, rápido, na vida. Você precisará suar sua camisa até o último minuto da partida, acredite.

Tudo o que vale a pena, na vida, é ladeira acima. Não existe nada, absolutamente nada, que vale a pena ladeira abaixo, que é fácil, sem objetivo. Subir a ladeira gasta energia, muitas vezes é difícil, mas vale a pena. No início deste livro, eu contei vários relatos sobre minha vida, lembra-se? Você se lembra que eu falei também sobre meus fracassos? Eu não queria apenas que você soubesse o que eu fiz ou conquistei, mas queria também que você me visse como quando comecei minha carreira.

Como líder de sua vida, precisará pintar um verdadeiro quadro sobre você e esse quadro não será nada bonito, porque a maioria das pessoas não obteve sucesso em sua carreira profissional de maneira rápida e fácil. Acredite: sempre será ladeira acima!

Você irá amadurecer e se tornar um grande líder quando deixar de impressionar as pessoas com o seu sucesso, pois líderes imaturos querem apenas impressionar as pessoas à sua volta.

Se você é um líder que fala apenas sobre seu sucesso, seus liderados deixarão de segui-lo porque não se sentirão merecedores da sua companhia e porque não foi verdadeiro e honesto o suficiente sobre seus fracassos.

Para você refletir:
Fracasso é "cair para frente" e nunca o contrário!
Um fracasso irá impulsionar você para o acerto, para o sucesso. Como você tem superado seus fracassos?

- Técnicos treinam jogadores e líderes treinam líderes.

A maioria dos líderes não têm líderes abaixo, tem seguidores.

Se você tiver apenas seguidores, você irá somar no seu negócio. Mas se você tiver outros líderes, você irá multiplicar o seu negócio. Toda equipe tem seguidores, mas o seu sucesso é transformar seus seguidores em líderes sucessores.

A coisa mais importante que você pode fazer é aprender a liderar a si mesmo, para depois ensinar outros líderes a se autoliderarem.

Você deseja ser um líder de sucesso e desenvolver outros líderes? Então, a primeira dica é essa: nunca trabalhe sozinho!

A segunda dica é: sempre que fizer e aprender algo novo, repasse esse aprendizado para alguém.

Essa prática vem dos hebreus e, posteriormente, chegou até os gregos. Foi dessa maneira que Sócrates ensinou Platão, tornando-o seu sucessor e, anos mais tarde, Platão ensinou Aristóteles.

Da mesma maneira, Jesus utilizou esse princípio

com seus discípulos, ao que o cristianismo intitulou de "discipulado", ou "a passagem do mestre para o aprendiz", ou "ensinar fazendo junto".

Posteriormente, diversos mestres do renascentismo italiano também adotaram esse princípio como, por exemplo, Leonardo Da Vinci ou os mestres artesãos construtores das primeiras catedrais góticas com seus aprendizes, ensinando-os até dominarem sua arte e, desse modo, repassando-a adiante.

No inicio, você terá seguidores, mas se tiver paciência, criará sucessores.

Os 4 passos para você criar sucessores são:

1. Eu faço, você observa.
Primeiro, o líder faz, enquanto o liderado apenas observa e aprende "o que" "como" e "por que" fazer.

2. Eu faço, você ajuda.
Agora o líder libera seu liderado para ajudá-lo na atividade. "Fazendo o junto" o liderado vai adquirindo confiança, mas ainda está no controle do líder que determina as ações.

3. Você faz, eu ajudo.
Agora o líder libera o liderado para exercer a atividade, mas o auxilia ainda "fazendo junto", porém menos diretamente.

4. Você faz, eu observo.
O líder libera o liderado para exercer plenamente a atividade, mas fica junto dele acompanhando, corrigindo e motivando-o no tempo suficiente para que ele adquira autonomia.

Para você refletir:
Os grandes líderes nunca param de aprender, de se desenvolver. Como você saberá que é um grande líder? Quando tiver desenvolvido um sucessor. Então, quais são os seus sucessores? Qual será o seu legado?

• No futebol assim como no mundo corporativo, quem joga mais também ganha mais.

No futebol existem jogadores que são "craques, estrategistas, goleadores, atacantes" na sua posição e por isso ganham mais. No mundo corporativo também é assim, existem colaboradores que são mais operacionais e, por isso ganham menos que os estrategistas, criativos ou que são líderes por natureza.

Do mesmo modo que é preciso saber administrar esta discrepância salarial no mundo do futebol, também é preciso fazê-lo no ambiente corporativo. Por isso, faz-se a necessidade de uma boa equipe de Gestão de Pessoas e um bom projeto de Plano de Carreira.

No futebol ainda existe o "bicho" que é uma premiação que os jogadores recebem por vencerem uma partida ou um campeonato.

Nas empresas, os profissionais mais habilitados e que batem suas metas, muitas vezes são recompensados com aumentos de salário ou promoção como forma de meritocracia. É preciso ter políticas muito bem definidas para reconhecer aqueles que "vestem mais a camisa" do clube.

Espero que você tenha apreciado esse capítulo final.
Procurei deixar para você várias dicas complementares para o desenvolvimento da sua autoliderança pessoal e profissional. Espero também que essa partida tenha va-

lido a pena para você, que você tenha conquistado vários aprendizados no decorrer dessa leitura, mas espere mais um pouco porque esse jogo ainda não terminou...

31

Na marca do pênalti é gol!

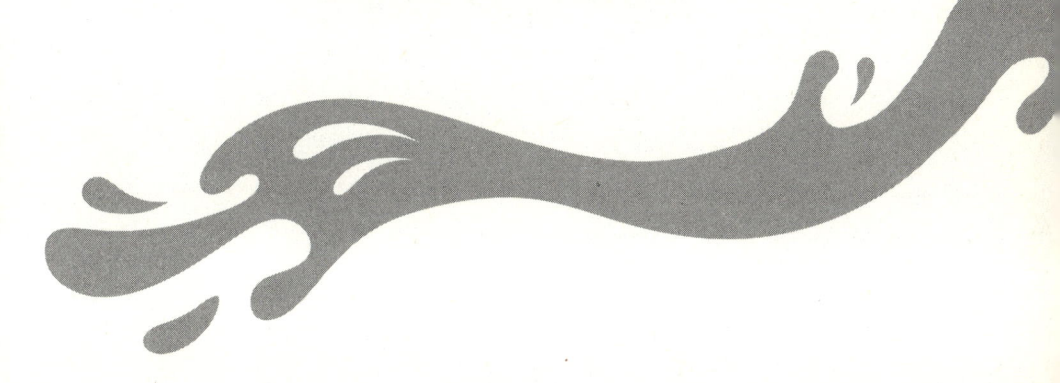

Peço para você, que leu este livro até aqui e entendeu as comparações feitas sobre o futebol e liderança, que procure conquistar bons hábitos, sendo um jogador participativo e disponível para as próximas jogadas da sua vida. Só assim, colocando-se à disposição e com atitudes positivas, sempre será escalado para as melhores partidas da vida.

Mantenha o foco no jogo e jogue o melhor que puder. Não viva do passado e nem pense apenas no futuro, seu momento é agora! Tenha seus objetivos muito bem definidos.

Não faça nada apenas por fazer, defina as melhores táticas para alcançar seus objetivos e vá jogando partida por partida, conquistando ponto por ponto, até conseguir a vitória.

Faça primeiro o que é mais importante para você, defina as prioridades e não perca tempo com coisas supérfluas. Não tire vantagem das situações alheias e seja justo nos seus negócios, fazendo para os outros, aquilo que deseja que façam por você.

Procure compreender antes de querer ser compreendido, criando empatia. Assim será mais cooperativo e menos competitivo, pois há lugar para todos no campeonato da vida.

Desse modo, quando sua bola cheia de vida estiver na marca de cal do pênalti e toda sua torcida estiver apoiando você, não tenha receio. Respire fundo, chute com a toda sua força, classe e comemore o gol!

Convido você para fazer parte da comunidade de pessoas que já participaram dos meus treinamentos, palestras e processos de coaching. Inscreva-se no site **www.institutoedsondepaula.com.br**

32

Conclusão

Chegamos ao final dessa partida e no campeonato da vida, só vencem aqueles que possuem determinação, sabem escolher e decidir, mantendo-se firmes nos seus propósitos. Você pode fazer a diferença na vida de alguém, então faça isso.

Você também pode fazer a diferença na vida de várias pessoas, pessoas que, inclusive, talvez ainda nem façam parte do seu ciclo de relacionamentos.

O tempo não joga ao nosso favor e o gramado nem sempre está adequado para a prática do jogo, mas isso não importa. O mais importante é que sempre existirão jogadores, o futebol e a vida.

Se soubermos conduzir nossa bola com muito amor e sabedoria, o tempo será bondoso conosco e aproveitaremos cada minuto precioso dessa partida.

Sabemos que não poderemos vencer toda vez e que nem sempre seremos favorecidos, mas jogando com determinação e amor à nossa camisa, que pode ser nossa família, nosso trabalho, poderemos chegar ao final desse grande jogo de futebol que é a nossa vida, com a certeza de que fizemos sempre o melhor em busca da excelência. Desejo que sua existência seja preenchida por conquistas valorosas, pela amizade desinteressada, pelo amor incondicional e que sua vida seja repleta de paz, saúde, felicidade e prosperidade.

Lembre-se: nada é tão distante que não possa ser conquistado!

Continue superando os desafios que a vida lhe proporciona, siga sempre em frente, não desanime. Eu tenho a plena convicção de que já é um vencedor e que muitas pessoas te admiram e, assim como eu, sempre estarão torcendo por você!

Siga Sempre Seus Sonhos!

MINIDICIONÁRIO DE FUTEBOL

Conheça nesse minidicionário expressões utilizadas na língua do futebol, sendo algumas delas usadas neste livro.

A

Açougueiro: jogador igual ao "arranca toco".
Amarelar: jogar mal porque ficou com medo do adversário.
Árbitro: juiz de futebol.
Arqueiro: goleiro.
Arquirrival: quando um time tem uma rivalidade acentuada com um outro time.
Arranca toco: jogador sem habilidade e muito agressivo.
Arrancada: quando um jogador corre e ultrapassa seus adversários.
Artilheiro: jogador que faz o maior número de gols.

B

Baba: diz-se do time que não oferece resistência, time muito fácil de se vencer.
Balão: jogador lança a bola em trajetória curva sobre o adversário e, correndo rapidamente, volta a dominá-la no chão.

Balãozinho: controle da bola no ar sem deixar cair.
Bandeirinha: árbitro auxiliar que se posiciona na lateral do campo.
Banheira: quando o jogador fica em impedimento.
Barreira: obstáculo composto por jogadores com o intuito de impedir a passagem da bola na hora da cobrança de falta.
Bate-bola: um bate-papo sobre futebol.
Beque: zagueiro.
Bicho: premiação que os jogadores recebem por jogo ganho.
Bicicleta: quando o jogador pula de costas e acerta na bola com os dois pés suspensos.
Bico: chute com a ponta do pé.
Bicuda: chute com a ponta do pé e muita força.
Bolão: uma jogada perfeita, ou jogo de apostas.
Botar para nanar: é o lance de pênalti em que o batedor aplica a famosa paradinha botando o goleiro de um lado e a bola do outro.
Bobinho: brincadeira em que um jogador fica no meio da roda, tentando catar a bola e se conseguir o que perdeu entra para ser o "bobinho".
Boleiro: jogador de futebol.
Bomba: chute com muita força.

C

Cabeceada: quando a bola é impulsionada com a cabeça.
Cabeça de bagre: jogador muito ruim e sem inteligência.
Cama de gato: falta na qual o jogador simula saltar e, com o corpo, desequilibra o adversário pelas costas.
Camisa 12: referência em homenagem às torcidas de um clube.
Cancha: campo de futebol.
Caneco: troféu.
Canelada: quando a bola é impulsionada com a canela.

Caneleira: proteção para as canelas.
Caneta: quando um jogador passa a bola debaixo das pernas de um outro jogador.
Canetas: pernas.
Canhão: igual a petardo, chute desferido com muita força. Capotão: bola de futebol.
Carniceiro: jogador muito desleal, maldoso, que faz faltas desnecessárias apenas com o intuito de machucar alguém. Carrasco: jogador que marca o gol da vitória nos últimos minutos.
Carrinho: ação na qual o jogador vem correndo e, para alcançar a bola, desliza sentado na grama com as duas pernas na direção da bola.
Cartão: instrumento usado pelo árbitro para punir um jogador.
Cartão amarelo: advertência ao jogador.
Cartão vermelho: expulsão do jogador.
Cartola: dirigente de clube.
Catimba: fazer com que o jogo fique mais lento, simulando faltas, para gastar o tempo.
Cavalo: jogador considerado violento.
Cavar uma falta: fingir uma situação para que o árbitro marque uma falta ou um pênalti.
Centro avante: o atacante mais infiltrado na área adversária.
Chaleira: jogada na qual o jogador passa uma das pernas por trás da outra, acertando na bola de pé trocado.
Chapeuzinho: igual a "lençol". O jogador toca a bola por cima do adversário e pega do outro lado.
Chocolate: igual a "goleada".
Chute de meia altura: chute dado quando a bola está na altura da cintura do jogador.
Chute na gaveta: a bola é chutada em um dos ângulos superiores da trave.
Chutar no ângulo: igual a chutar na gaveta.

Chutar para o mato: chutar forte para qualquer lado, sem direção.
Chutar rasteiro: chutar a bola rente ao chão.
Chuveirinho: cruzar a bola pelo alto da lateral para dentro da área.
Comentarista: profissional que comenta as jogadas em uma partida de futebol.
Contra-ataque: quando um time que estava sendo atacado pelo seu adversário ganha a jogada e ataca rapidamente pegando a defesa do oponente desguarnecida.
Contrapé: jogada inesperada.
Coringa: jogador que entra na partida e não tem posição definida, atuando de acordo com a tática do técnico.
Craque: jogador talentoso.

D

Dancinha: comemoração escrachada do artilheiro com seus comparsas quando faz um gol.
Dar o bote: quando a defesa pressiona o ataque.
Dar o sangue: esforçar-se pelo clube.
Dar um nó: driblar.
Debaixo das canetas: quando o jogador passa a bola entre as pernas do adversário.
De efeito: chute com efeito.
Dérbi: jogo entre dois times fortes da mesma região ou da mesma cidade.
De chapa: chute com parte superior do pé ou também com o peito do pé.
De testa: quando a bola é impulsionada com a testa.
De trivela: chute dado com o lado externo ou interno do pé.
Desarme: quando um jogador tira a bola do pé do adversário.
Dividida: quando dois jogadores disputam a mesma jogada e se trombam.

Domínio: quando um jogador recebe a bola e consegue controlá-la muito bem.
Drible da vaca: jogador toca a bola de um lado do adversário e pega do outro.

E

Elástico: drible em que o jogador leva e traz a bola.
Embaixadinha: quicar a bola com pés, joelhos ou cabeça sem deixá-la cair no chão.
Enfiada: igual a goleada, vitória com muita diferença no placar.
Entortar: dar drible que faz o jogador do time adversário se perder na jogada.

F

Fazer cera: igual a "catimba".
Fechar o gol: quando o goleiro está jogando muito bem, defendendo todos os chutes.
Figurão: jogador importante.
Filó: rede de futebol.
Finta: jogada visando superar o marcador.
Fintar: driblar.
Firula: jogada desnecessária e, geralmente, humilhante ao adversário.
Foguete: chute muito forte, igual a "torpedo".
Fominha: igual a "mascarado", jogador que não passa a bola para os companheiros.
Frangueiro: goleiro que toma gols facilmente defensáveis
Furo: quando o jogador erra o chute.

G

Galera: torcedores.
Gandula: responsável por apanhar as bolas que são chutadas para fora do campo.
Ganhar de virada: quando um time começa perdendo e no final ganha a partida.
Gastando a bola: jogador que joga muito bem.
Gaveteiro: juiz ou jogador que aceita suborno.
Golaço: gol marcado com extrema habilidade.
Gol contra: gol marcado involuntariamente por um jogador contra a própria equipe.
Gol de honra: único gol marcado por uma equipe em uma derrota.
Gol de letra: gol de calcanhar.
Gol de peixinho: cabeceio em bola baixa.
Gol de placa: gol feito após uma jogada sensacional.
Gol do meio da rua: gol marcado a longa distância.
Gol olímpico: gol marcado em cobrança direta de escanteio
Gol de ouro: gol marcado na prorrogação que encerra automaticamente a partida.
Goleada: igual a "enfiada", vitória com muita diferença no placar.
Goleador: igual a artilheiro.
Gorduchinha: bola de futebol
Guarda-metas: goleiro.
Guarda-redes: goleiro.
Guarda-valas: goleiro.
Guardião: goleiro.

I

Isopor: jogador superficial, que não entra com raça nas jogadas.

L

Lanterninha: time que ocupa a última posição na tabela do campeonato.
Lençol: igual a "chapeuzinho", o jogador toca a bola por cima do adversário e pega do outro lado.
Liso: jogador hábil e rápido que dificilmente perde a bola.
Locutor: profissional que narra a partida de futebol.

M

Mala preta: suborno.
Mão furada: igual a goleiro "frangueiro".
Marcação homem a homem: jogadores marcando seus adversários individualmente.
Marmelada: é quando um time facilita o jogo para o seu adversário.
Mascarado: igual a "fominha", jogador que não passa a bola para os companheiros.
Mata-mata: partidas finais de campeonato, que são eliminatórias.
Matar a bola: bola dominada com destreza quando vem do alto.
Matar a jogada: cometer falta para evitar o avanço do ataque adversário.
Matar de canela: quando o jogador recebe a bola com a canela.
Matar no peito: quando o jogador abafa a bola que vem do alto com o peito.
Meia-canja: meio de campo.
Meter um saco: fazer muitos gols no adversário.
Mochila: jogador da defesa que sempre deixa passar uma jogada pelas suas costas.
Molhar a camisa: igual a "suar a camisa", jogar com dedicação para o time.
Morte súbita: prorrogação na qual quem marca o primeiro gol vence o jogo.

O

Olé: quando um time está ganhando a partida e no final do jogo fica tocando a bola.

P

Paradinha: igual a "botar para nanar".
Pau: trave.
Passar a bola redonda: toque de bola preciso.
Passe de calcanhar: passar a bola utilizando o calcanhar.
Pedalada: com a bola parada, o jogador fica passando os pés, alternadamente, por cima dela, como se estivesse pedalando.
Pegar na veia: quando o jogador acerta um chute preciso na bola.
Peixinho: jogador protegido pelo técnico.
Pelada: igual a "rachão", jogo de futebol de várzea.
Pelota: bola.
Pé murcho: jogador que tem um chute fraco.
Pendurado: jogador que possui várias advertências e que está propenso a ser expulso da partida.
Perigo de gol: erro evidente de arbitragem em uma jogada de ataque.
Perna de pau: jogador que não tem habilidade.
Perneta: jogador que não tem habilidade.
Petardo: chute muito potente.
Pé torto: jogador que erra os passes.
Pipocar: evitar confrontos com o adversário para não se machucar.
Pipoqueiro: jogador que vacila na hora da decisão.
Ponta de lança: o jogador mais avançado da equipe.
Ponte: defesa feita pelo goleiro quando uma bola vai diretamente no ângulo da trave.
Prorrogação: tempo adicional para uma partida que ficou empatada.

R

Racha: igual a "pelada", "rachão", jogo de futebol de várzea.
Redonda: bola.
Redondinha: bola.
Retranca: colocar o time todo no campo de defesa, jogando totalmente recuado.
Retranqueiro: técnico que costuma sempre posicionar o seu time na "retranca".
Roubar a bola: quando a bola é tirada do adversário com muita habilidade.

S

Salto alto: jogador exibicionista e arrogante.
Segurar o jogo: quando todo o time fica na defesa tentando garantir o resultado da partida.
Suar a camisa: igual a "molhar a camisa", jogar com dedicação para o time.

T

Tabela: troca rápida e eficiente de passes entre jogadores.
Tapetão: quando uma partida precisa ser decidida na justiça desportiva.
Tapete: campo de futebol em excelentes condições.
Tijolada: chute muito potente.
Tirambaço: chute muito forte em direção ao gol.
Tiro de canto: escanteio.
Tomar um frango: bola facilmente defensável que o goleiro não defendeu.
Torpedo: chute muito potente, igual "tijolada".
Travessão: a trave de futebol.

V

Vazado: goleiro que levou mais gols no campeonato.
Vira-casaca: jogador ou torcedor que muda de time.
Volante: jogador de marcação que joga da região central do campo.
Voleio: chute com os dois pés suspensos do chão, na posição lateral.

X

Xerife: jogador da defesa que impõe respeito ao adversário.

Z

Zagueiro: jogador que joga na defesa entre a linha média e o goleiro.
Zebra: resultado inesperado.

BIBLIOGRAFIA

BANDLER, Richard. *A estrutura da magia: um livro sobre linguagem e terapia*. Zahar, 1977.
CARNEGIE, Dale. *Como fazer amigos e influenciar pessoas*. Editora Nacional, 2000.
COVEY, Stephen R. *Liderança baseada em princípios*. Campus, 1994.
COVEY, Stephen R. *Os 7 hábitos das pessoas altamente eficazes*. Best Seller, 2006.
DILTS, Robert. *Crenças: caminhos para a saúde e o bem-estar*. Summus, 1993.
GOLEMAN, Daniel. *Inteligência emocional*. Objetiva, 1995.
HILL, Napoleon. *A lei do triunfo*. José Olympio, 1994.
HILL, Napoleon. *Pense e enriqueça*. Ibrex, 1975.
HUNTER, James C. *O monge e o executivo*. Sextante, 2006.
KOTLER, Philip. *Marketing para o século XXI*. Futura, 1999.
MANDINO, Og. *O maior segredo do mundo*. Record, 1993.
MANDINO, Og. *O maior vendedor do mundo*. Record, 1994.
MAXWELL, John C. *O livro de ouro da liderança*. Thomas Nelson Brasil, 2008.
MAXWELL, John C. *O líder 360 graus*. Thomas Nelson Brasil, 2005.
MURPHY, Joseph. *O poder do subconsciente*. Record, 1963.
O' CONNOR, Joseph. *Manual de programação neurolinguística*. Qualitymark, 2003.

ROBBINS, Anthony. *Desperte o gigante interior.* Record, 1995.
ROBBINS, Anthony. *Poder sem limites: o caminho do sucesso pessoal pela programação neurolinguística.* Best Seller, 1987.
URBAN, Hal. *Escolhas que podem mudar sua vida.* Sextante, 2010.